Individuierungsverlauf eines
Rechtsextremisten

Europäische Hochschulschriften

European University Studies

Publications Universitaires Européennes

Reihe XXII **Soziologie**

Series XXII Sociology

Série XXII Sociologie

Band/Volume **460**

Heike Würstl

Individuierungsverlauf eines Rechtsextremisten

Rekonstruktion der objektiven
Lebensdaten von Uwe Böhnhardt

Bibliografische Information der Deutschen Nationalbibliothek
Die Deutsche Nationalbibliothek verzeichnet diese Publikation in der Deutschen
Nationalbibliografie; detaillierte bibliografische Daten sind im Internet über
http://dnb.d-nb.de abrufbar.

ISSN 0721-3379
ISBN 978-3-631-66019-5 (Print)
E-ISBN 978-3-653-05254-1 (E-Book)
DOI 10.3726/978-3-653-05254-1

© Peter Lang GmbH
Internationaler Verlag der Wissenschaften
Frankfurt am Main 2015
Alle Rechte vorbehalten.
PL Academic Research ist ein Imprint der Peter Lang GmbH.
Peter Lang – Frankfurt am Main · Bern · Bruxelles · New York · Oxford · Warszawa · Wien

Das Werk einschließlich aller seiner Teile ist urheberrechtlich geschützt.
Jede Verwertung außerhalb der engen Grenzen des Urheberrechtsgesetzes ist
ohne Zustimmung des Verlages unzulässig und strafbar.
Das gilt insbesondere für Vervielfältigungen, Übersetzungen, Mikroverfilmungen
und die Einspeicherung und Verarbeitung in elektronischen Systemen.

Diese Publikation wurde begutachtet.

www.peterlang.com

Vorwort

Kaum ein gesellschaftspolitisches Thema hat in den letzten Jahren die Öffentlichkeit so stark beschäftigt wie der Nationalsozialistische Untergrund (NSU). Wie konnte es dazu kommen, dass sich quasi unbemerkt eine extreme rechts-motivierte Gruppierung bildet und aktiviert, um ausländische Mitbürger in der Bundesrepublik Deutschland in Angst und Unsicherheit zu versetzen? Wie wurden scheinbar unauffällige junge Menschen zu rechtsradikalen Gewalttätern, die nicht davor zurückschreckten aus rassistischen Motiven Bundesbürger mit Migrationshintergrund zu töten?

Heike Würstl nimmt sich dieser Thematik an, in dem sie auf den Individuierungs- und Bildungsprozess eines Mitglieds der Gruppe eingeht und Merkmale für dessen soziale Abweichung herausarbeitet. Dazu erschließt sich die Autorin umfangreiches Datenmaterial zu Generation, Herkunftsmilieu und Herkunftsfamilie in der früheren DDR.

Sehr häufig wird die Entwicklung rechtsextremer Gruppierungen in Ostdeutschland mit dem verordneten Antifaschismus in der DDR in Verbindung gebracht. Die Autorin geht hier einen anderen Weg: Auf Grundlage von Ulrich Oevermanns objektiver Hermeneutik entwickelt Würstl die wesentlichen Grundlagen dieses sozialwissenschaftlichen Forschungskonzepts, indem die objektiven Strukturen mit der subjektiven Ebene verbunden werden. Die Autorin plädiert dafür, das Interesse nicht auf den Übergang vom Denken zum Handeln, sondern auf die dem Denken logisch vorgelagerten objektiven Bedeutungsstrukturen zu richten.

Diese Untersuchung gibt verschiedene Hinweise auf einen individuellen Radikalisierungsprozess.

Im Mittelpunkt der Untersuchung steht der Individuierungsverlauf Uwe Böhnhardts. Als Ursachen für die Entwicklung von Böhnhardt zu einem rechtsextremistischen Gewalttäter arbeitet Würstl wichtige Einflussfaktoren (fehlende Bestätigung im beruflichen Feld und Orientierung an einem negativen Sinnentwurf) heraus. Daran anschließend zeigt die Autorin, dass eine wesentliche Grundlage einer Kompensation durch rechtsextreme Gewalt in der Autonomieproblematik und ungelösten Mutter-Kind-Beziehung besteht.

Würstl stellt die defizitären Interaktionsbedingungen im Lebenslauf von Böhnhardt vor, ohne mit Schuldzuweisungen zu arbeiten. Aufgrund der hier vorgestellten Rekonstruktion der objektiven Hermeneutik lassen sich weiterführende Erklärungsmuster für einen sozialwissenschaftlichen Zusammenhang der Gegenwartsgesellschaft erkennen.

Christian Ludwig
Hagen, im September 2014

Inhaltsverzeichnis

Einleitung 9
I Theoretischer Teil 11
1 Individuierung 11
1.1 Begriffsbestimmung 11
1.2 Bildungsprozess des Subjekts 13
1.2.1 Einleitende Bemerkungen 13
1.2.2 Ontogenese epistemischer Strukturen und
 Ausbildung praktischer Handlungsfähigkeit 15
1.2.3 Transformation des epistemischen Subjekts in das autonom
 handlungsfähige, mit sich selbst identische Subjekt 16
1.2.4 Individuelle Differenzen 18
2 Rechtsextremismus 19
2.1 Begriffsbestimmung 19
2.1.1 Theoretische Grundlagen 20
2.1.2 Politisiertheit 23
2.1.3 Organisiertheit 25
2.2 Rechtsextremismus als misslungene Ausformung
 der Adoleszenzkrise 26
3 Individuierungsverläufe von Rechtsextremisten 33
3.1 Forschungsstand 33
3.2 Zusammenfassung 43

II Empirischer Teil 45
1 Forschungspraktisches Vorgehen 45
1.1 Methoden- und Fallauswahl 45
1.2 Methodologische Grundlagen 46
1.3 Methodisches Vorgehen 48
1.4 Forschungsethische Reflexion 50
2 Fallbestimmung 52
3 Dateneinbettung 53
4 Falldarstellung 55
5 Objektive Lebensdaten 60
6 Fallrekonstruktion 62
6.1 Generation, Herkunftsmilieu, Herkunftsfamilie 62
6.2 Lebenslauf 82

7 Fallstrukturhypothese 112

Fazit 117

Quellenverzeichnis 123

Einleitung

Im Jahr 2011 löste die Entdeckung des sogenannten Terrortrios Entsetzen aus. Schnell waren Ursachen für die Entstehung des Nationalsozialistischen Untergrunds (NSU) ausgemacht: der staatlich verordnete Antifaschismus der DDR, die Erziehung zu autoritären Persönlichkeiten in der DDR, das Versagen der Sicherheitsbehörden usw. Heitmeyer konstatiert, dass in der öffentlichen Debatte die Entstehungs- und Radikalisierungsprozesse außer Blick geraten sind und stattdessen gesellschaftliche Selbstentlastung durch Abtrennung des Geschehens von der Gesellschaft stattfindet (vgl. Heitmeyer 2012: 22).

Ziel dieser Arbeit ist es, die von Heitmeyer benannte Lücke in der Erforschung des Entstehungsprozesses zu schmälern, indem das historische Gewordensein eines der Kernmitglieder des NSU rekonstruiert wird. Die Untersuchungsfrage lautet: Wie wurde aus Uwe Böhnhardt ein rechtsextremistischer Gewalttäter? Mit der Untersuchung wird einerseits ein konkretes praxisbezogenes Thema aufgegriffen und wissenschaftlich bearbeitet. Andererseits werden vorhandene wissenschaftliche Theorien überprüft, um einzelne Bestandteile gegebenenfalls zu falsifizieren oder zu präzisieren.

Theoretisches Fundament der Arbeit bildet die strukturale Soziologie von Ulrich Oevermann. Begriffe, die nicht weiter ausgeführt werden, sind im Kontext dieser wissenschaftlichen Position zu sehen. Der Zugang zum Phänomenbereich des Rechtsextremismus erfolgt über die Mikroebene. Im Fokus der Arbeit stehen die biografischen Entscheidungen eines einzelnen Individuums. Die Untersuchungsfrage soll durch die Rekonstruktion der objektiven Lebensdaten unter Anwendung der Methode der objektiven Hermeneutik beantwortet werden. Datengrundlage bilden Zeugenaussagen aus den parlamentarischen Untersuchungsausschüssen zur Aufklärung des NSU-Geschehens sowie dem sogenannten NSU-Prozess in München. Vereinzelt wird auf journalistisch recherchierte und publizierte Daten zurückgegriffen.

Im theoretischen Teil der Arbeit werden zunächst die Begriffe „Individuierung" und „Rechtsextremismus" definiert, abgegrenzt und konzeptualisiert. Danach wird das der Arbeit zu Grunde liegende Individuierungskonzept der strukturalen Hermeneutik erörtert. Sie geht davon aus, dass an das Subjekt zunächst von außen im Rahmen der sozialisatorischen Interaktion Strukturen herangetragen werden, die es ihm zunehmend ermöglichen, sich selbst zu konstituieren und Strukturen selbstständig zu deuten. Im Verlauf der Subjektwerdung muss es vier ontogenetisch bedingte Ablösungskrisen meistern. Der Grad, in dem dies gelingt, setzt Möglichkeiten und Grenzen für zukünftige biografische Entscheidungen.

Im Anschluss daran wird der Rechtsextremismusbegriff an Hand der Dimensionen der theoretischen Grundlage, Politisiertheit und Organisiertheit entwickelt. Als Rechtsextremist gilt im Kontext dieser Arbeit ein Individuum, in dessen Handeln sich nationalistische, ethnozentristische, antisemitische und pronazistische, den Nationalsozialismus verherrlichende oder verharmlosende Strukturen reproduzierend manifestieren.

Danach werden die beiden theoretischen Konzepte zusammengeführt und erläutert, wie Rechtsextremismus mit Hilfe der Individuierungstheorie erklärt werden kann. Beendet wird der theoretische Teil mit der Aufarbeitung des Forschungsstandes.

Der empirische Teil der Arbeit beginnt mit einer Erläuterung des forschungspraktischen Vorgehens. Im Anschluss wird der Fall bestimmt und die Dateneinbettung erörtert. Es schließt sich die Fallrekonstruktion an, in der die objektiven Lebensdaten unter Anwendung der Methode der objektiven Hermeneutik sequenziell interpretiert werden. Es werden zunächst die sozialisatorischen Bedingungen, insbesondere die generative, familiäre und milieubedingte Einbettung des Falls, erschlossen und anschließend die Lebenslaufdaten auf der Folie objektiv möglicher, aber nicht gewählter biografischer Optionen sequenziell ausbuchstabiert. Am Ende der Interpretation gilt es, die Hypothesen zur Geschichte der Subjektwerdung von Uwe Böhnhardt in den ihn konkret umgebenden historischen, gesellschaftlichen und sozialisatorischen Bedingungen zu einer abschließenden Fallstrukturhypothese zusammenzufassen. Im Fazit werden die Untersuchungsergebnisse an die bisherigen Forschungsergebnisse rückgekoppelt und theoretisch eingebunden, Forschungslücken benannt sowie die zu Tage geförderten persönlichkeitsstrukturellen Kontextbedingungen für die Entstehung und Radikalisierung des NSU dargelegt.

I Theoretischer Teil

1 Individuierung

1.1 Begriffsbestimmung

Semantisch verweist der Begriff der Individuierung auf einen Prozess, in dessen Zentrum das Individuum steht. Analog einer Konkretisierung, in der eine Formulierung so verändert wird, dass sie weniger abstrakt erscheint, oder einer Technisierung, in der ein technischer Standard gesteigert wird, kann für eine Individuierung geschlossen werden, dass sie eine Transformation des Individuums in Richtung Einzelwesen beschreibt.

Die semantische Begriffsrekonstruktion ist insofern irreführend, dass sie nahe legt, die Vereinzelung des Menschen zu meinen. Diesen Bedeutungsgehalt umfasst der Individuierungsbegriff jedoch gerade nicht.[1] Er beschreibt vielmehr die Entwicklung des Menschen vom Gattungswesen zum „autonomen handlungsfähigen, mit sich identischen Subjekt" (Oevermann 1981: 28).

Handlungsfähigkeit[2] meint in diesem Zusammenhang das intellektuelle Vermögen, sich die Zukunft durch den Entwurf hypothetischer Welten zu eröffnen, indem das gattungsbedingt angelegte Potential an formal logischen, moralischen und sprachlichen Strukturen bzw. Kompetenzen in Auseinandersetzung mit der sozialen Umwelt material derart aufgefüllt wird, dass das Subjekt in der Lage ist, in Entscheidungssituationen mögliche Handlungsalternativen zu erkennen. Autonom handelt das Subjekt, wenn es aus dem Repertoire an objektiv möglichen Handlungsoptionen

---

1 Vereinzelung wird in der Soziologie als Folge des Individualisierungsprozesses thematisiert (vgl. Beck 1986: 114ff.). Individualisierung hat zwar Einfluss auf die Individuierung, z. B. in dem sie für vielfältige biografische Optionen sorgt, sie kann aber nicht mit ihr gleichgesetzt werden, denn Individualisierung bezieht sich auf die Gesellschaft, während Individuierung einen Subjektbezug aufweist und keinesfalls die „singularisierende Freisetzung selbstreflexiv gesteuerter Persönlichkeitssysteme" (Habermas 1988: 241) meint. Zu den Differenzen zwischen beiden Begriffen vgl. auch Oevermann 2008: 46.
2 Anknüpfend an die Sprechakttheorien von Austin und Searle umfasst der Handlungsbegriff hier auch das Sprechhandeln. (vgl. Searle 2004: 162ff.)

eine Alternative auswählt, die damit verbundene rationale Begründungsverpflichtung auf sich nimmt – unabhängig davon, ob es eine solche Begründung zum Zeitpunkt der Entscheidung tatsächlich gibt – und sich den Entscheidungszwängen des Lebens beugt.[3] Mit der zumeist erst nachträglichen Begründung der Auswahl einer Handlungsalternative (re-)konstruiert der Einzelne den subjektiven Sinn seines Handelns und entwickelt ein Bild von sich selbst. Er erkennt, dass andere Individuen möglicherweise anders entschieden hätten und dass seine Handlungsselektion etwas ihm Spezifisches darstellt. (vgl. Oevermann 1979b: 413, 1981: 25ff., 2001a: 31)

Da die subjektive Repräsentanz des Sinns einer Handlung im Alltag immer nur eine Teilmenge des objektiv möglichen Sinns ist, kann das Selbstbild niemals mit der Persönlichkeitsstruktur bzw. Identität einer Person identisch sein.[4] Erst auf Grundlage dieser Differenz lässt sich Individuierung überhaupt begrifflich und analytisch fassen. Sie vollzieht sich in der „Bewegung von der Produktion von emergenten Sinnstrukturen zu deren nachträglicher Determination durch Rekonstruktion ihrer Motivierung und Sachhaltigkeit" (Oevermann 1981: 34).

Eine gelungene Individuierung im normativen Sinne zeichnet sich durch die Fähigkeit des Individuums aus, autonome und rational begründbare Entscheidungen treffen zu können, ohne dabei der Unterstützung eines anderen zu bedürfen. Sie liegt zwischen den beiden Polen der vollständigen Unterordnung unter objektiv vernünftige Sachanforderungen und

---

3   „Autonomie konstituiert sich (...) durch eigene Entscheidungen und deren Begründung, kurz: in der widersprüchlichen Einheit von Entscheidungszwang und Begründungsverpflichtung." (Wagner 2004a: 150)
4   Subjektivität heißt, neue Möglichkeiten zu entwerfen, wenn Krisen auftreten, um praktisch handlungsfähig zu bleiben. Identität ist das Ergebnis dieses zukunftsoffenen, kreativen Prozesses. Davon zu unterscheiden ist das Selbstbild, verstanden als die subjektiv angeeignete objektive Identität. Identität und Selbstbild bilden zwar die Basis für die Bewältigung anstehender Krisen, sind aber nicht für deren Lösung entscheidend. Hier kommt es auf das Potential an autonomer Krisenbewältigungskompetenz, d. h. auf Subjektivität, an. Individuiertheit bezieht sich mithin auf konkrete Entscheidungssituationen und Identität auf stabile Persönlichkeitsstrukturen. (vgl. Wagner 2004a: 151, ders. 2004b: 121)

einer vollständigen Ausblendung von sachlogischen Vernunftskriterien. (vgl. ders. 1989: 13f.)

Innerhalb der Sozialisationstheorien stellt Individuierung grundsätzlich eine subjektbezogene Sichtweise von Sozialisation dar, die sich von Prägungskonzepten äußerer oder innerer Art abgrenzt und dem Individuum eine aktive bzw. konstruktive Rolle in der Persönlichkeitsentwicklung einräumt. Das Subjekt wird nicht biologisch oder gesellschaftlich determiniert, sondern bildet sich unter den jeweiligen biologischen, psychischen, sozialen, kulturellen und historischen Einflüssen selbst (vgl. Hurrelmann/Ulich 1991: 8). In der Erklärung der Art und Weise der Selbstbildung unterscheiden sich die Theorien. Je nach theoretischem Hintergrund wird die soziale Vermitteltheit der Subjektbildung als gesellschaftliche Wirklichkeitskonstruktion (Berger/Luckmann), als produktiv realitätsverarbeitender Prozess (Hurrelmann), als Autopoiesis psychischer Systeme in Co-Evolution mit sozialen Systemen (Luhmann) oder auch als symbolisch vermittelte Aneignung kommunikativer Kompetenz in herrschaftsfreien Diskursen (Habermas) beschrieben. Von dem hier vertretenen strukturalistischen Standpunkt aus bilden sich Subjekte in der sozialisatorischen Interaktion, in der die objektiven Interaktionsstrukturen durch Interiorisierung subjektiv-intentional verfügbar gemacht werden. Die Strukturen werden von außen an das Subjekt herangetragen und ermöglichen ihm, sich durch deren Entschlüsselung selbst zu konstituieren. Auf diesen Prozess wird im folgenden Abschnitt näher eingegangen.

1.2 Bildungsprozess des Subjekts

1.2.1 Einleitende Bemerkungen

Die hier vorgestellte Theorie des Bildungsprozesses des Subjekts knüpft an den im vorherigen Abschnitt erörterten Individuierungsbegriff an und ist Bestandteil der strukturalen Sozialisationstheorie, in der verschiedene Bestandteile der Theorien von Chomsky, Piaget, Freud und Mead zu einer Theorie der sozialen Konstitution des Subjekts in der Struktur der sozialisatorischen Interaktion kombiniert werden. In ihr gilt es, drei Erklärungsebenen zu unterscheiden, die nachfolgend näher erörtert werden. Auf der Ebene des epistemischen Subjekts geht es um die Entfaltung von

Strukturen, die zur anthropologischen Grundausstattung des Menschen gehören und es ihm ermöglichen, *handlungsfähig* zu werden. Sie stellen die Bedingungen der Möglichkeit zur Individuierung dar. Handlungsfähigkeit allein reicht jedoch noch nicht aus, um von einem sozialisierten Individuum sprechen zu können, weshalb auf einer zweiten Ebene die Herausbildung eines *autonom* handlungsfähigen, mit sich identischen Subjekts – der Individuierungsprozess im eigentlichen Sinn – erklärt wird. Ohne Individuierung „blieben die epistemischen Strukturen blutleere Abstraktion und träten handlungspraktisch nicht in Erscheinung" (Oevermann 1981: 28). Während sich die beiden ersten Ebenen abstrakt auf alle Gattungssubjekte beziehen, werden auf der dritten Ebene individuelle Differenzen zwischen empirisch konkreten Subjekten thematisiert. Es ist die Ebene, auf der objektive Identitäten in ihrer Abweichung vom Idealtypus des individuierten Gattungssubjekts untersucht werden.

Zentral für die strukturale Sozialisationstheorie ist der Krisenbegriff. Eine Krise stellt ganz allgemein einen Zustand dar, in dem keine bewährten Lösungsstrategien (Routinen) zur Verfügung stehen. Sie kann durch das jeweilige Subjekt selbst herbeigeführt worden sein, z. B. durch hypothetisches Konstruieren von Handlungsalternativen (Entscheidungskrise) oder durch eine Beschäftigung, die um ihrer selbst willen, vom Handlungsdruck entlastet, durchgeführt wird (Krise durch Muße), entstehen. Sie kann aber auch unvorhersehbar von außen hereinbrechen und Schmerzen oder Glücksgefühle auslösen, z. B. durch den Verlust einer Bezugsperson oder einen Lottogewinn (traumatische Krise). (vgl. Oevermann 2004: 165ff., Wagner 2004a: 39ff.) Aufgrund des immanenten Entscheidungszwanges einer Lebenspraxis bzw. des Zwangs, auf ein traumatisches Ereignis reagieren zu müssen – man kann sich nicht nicht entscheiden, denn auch die Entscheidung, sich nicht zu entscheiden, ist eine Entscheidung – werden anknüpfend an bestehende Erfahrungen Hypothesen für eine gelingende Krisenbewältigung entworfen. Bewährt sich die Krisenlösung im Nachhinein, geht sie in eine Routine über. Bewährt sie sich nicht, geht sie als unangemessene Bewältigungsstrategie in die Erfahrung ein. Egal, ob misslungene oder gelungene Krisenlösung, neue Erfahrungen konstituieren sich erst im Prozess der Krisenbewältigung. (vgl. Oevermann 2008: 9ff., 2004: 163ff.) Nachfolgend werden die drei Erklärungsebenen der Subjektbildungstheorie im einzelnen vorgestellt.

1.2.2 Ontogenese epistemischer Strukturen und Ausbildung praktischer Handlungsfähigkeit

Eine erste Bedingung für den Erwerb von Handlungsfähigkeit sind bestimmte biologische und anthropologische Voraussetzungen bezüglich des menschlichen Bewegungs- und Sprachapparats sowie des Gehirns, auf die hier nicht weiter eingegangen wird.[5] Eine zweite Bedingung ist die menschliche Fähigkeit, wohlgeformte sprachliche, moralische, logische und kommunikative Urteile fällen zu können, wozu es entsprechender Kompetenzen bedarf.[6]

Die klassischen Kompetenztheorien von Chomsky und Piaget können die Entwicklungslogik des Menschen nicht widerspruchsfrei erklären. Kompetenzentfaltung ist weder Folge der Existenz biologischer Initialstrukturen noch Ergebnis der eigenlogischen Konstruktionstätigkeit des Subjekts. Chomskys Theorie der angeborenen Spracherwerbsfähigkeit kann nicht auf den Erwerb von logischer, moralischer oder kommunikativer Urteilsfähigkeit übertragen werden und wird selbst für den syntaktischen Regelerwerb kritisch bewertet. Die kognitive Entwicklungstheorie von Piaget, der von der Selbstkonstitution des Subjekts im Rahmen eines mehrstufigen Prozesses ausgeht, weist das Manko auf, nicht erklären zu können, warum Individuen dieselben Kompetenzen bei unterschiedlichen individuellen Lernbedingungen erwerben. Entwicklungslogik ist weder psychisch noch biologisch, sondern sozial durch die objektiven Struktureigenschaften der sozialisatorischen Interaktion, in die das Kind eingebettet ist, konstituiert. Entwicklung vollzieht sich in einem iterativen Prozess zwischen objektiv

---

5 Arnold Gehlen nimmt in seinem Hauptwerk „Der Mensch" eine hier anknüpfungsfähige Bestimmung der anthropologischen Besonderheiten des Menschen im Vergleich zum Tier vor.
6 Geulen kritisiert die Übernahme des Kompetenzbegriffs durch die strukturale Hermeneutik. Oevermann lege das Konstrukt Chomskys von der Unterscheidung zwischen Performanz und Kompetenz als reales Fundament von Sozialisation zu Grunde und definiere Sozialisation als Entfaltung einer Handlungskompetenz, so seine Kritik. Sozialisiertheit werde mit Handlungskompetenz gleichgesetzt, was wissenschaftlich unzulässig sei. Geulen plädiert für einen Verzicht auf den problematischen, mit nativistischen Implikationen versehenen Kompetenzbegriff. (vgl. Geulen 1991: 48)

sozialer und subjektiv psychischer Strukturebene. (vgl. Oevermann 1979: 157ff.)

„Die Handlungen des Kindes erhalten durch die Einbettung in die sequentielle Struktur der sozialisatorischen Interaktion objektiv eine Bedeutungsfunktion, die auf das Kind, da es sich um seine eigene Handlung handelt, als qua Handlungserfolg emergente Eigenschaft – zumindest affektiv – nachträglich wahrnehmbar und somit zum Ansatzpunkt für Prozesse der Interiorisierung und reflektierenden Abstraktion wird. Eine Struktur, deren Erzeugung die Kapazität des sich bildenden Subjekts bei weitem übersteigt, wird auf diese Weise gleichwohl realisiert und homolog erfahrbar und unter dieser Bedingung zum Antrieb der Entwicklung, sofern die Konstruktionstätigkeit des Subjekts als Rekonstruktionstätigkeit in Gang gesetzt wird." (ebd.: 160)

Was das im Konkreten bedeutet und wie die Rekonstruktionstätigkeit in Gang kommt, stellt den Gegenstand der zweiten Erklärungsebene dar.

1.2.3 Transformation des epistemischen Subjekts in das autonom handlungsfähige, mit sich selbst identische Subjekt

Der Transformationsprozess vom Gattungswesen zum autonom handlungsfähigen, mit sich identischen Subjekt bedarf zweier Voraussetzungen. Zum ersten muss das Individuum in sozialisatorische Interaktionsstrukturen eingebettet sein. Zum zweiten muss es im Laufe seiner Sozialisation die zunächst unbearbeiteten, frühkindlich interiorisierten Strukturen nachträglich rekonstruieren und sich darin selbst erkennen und konstituieren. Die erste Voraussetzung wird unter Rückgriff auf Mead, die zweite unter Einbeziehung der Traumatisierungstheorie von Freud erklärt.

Die Einbettung in sozialisatorische Interaktionsstrukturen ist deshalb unabdingbar, weil sich infolge der logischen Nachgeordnetheit subjektiven Sinns gegenüber objektivem Sinn Subjektivität erst im sozialen Akt und den darin emergierenden Sinnstrukturen entfalten kann (vgl. Mead 1973: 115ff.). Erst durch die Aneignung des emergierten objektiven Sinns ist es überhaupt möglich, Subjektivität zu erwerben und Handlungsintentionen auszubilden. Die Besonderheit in der kindlichen Entwicklung liegt darin, dass das Kind zunächst nicht in der Lage ist, sich Interaktionsstrukturen über sprachlich vermittelte subjektive Repräsentanz anzueignen, weil seine sprachlichen und kognitiven Kompetenzen zwar angelegt, aber noch nicht vollumfänglich ausgebildet sind. Kinder benötigen deshalb Deutungsunterstützung von außen. In der Regel sind es die Eltern oder andere sozialisierte Bezugspersonen, die stellvertretend für die Kinder die Bedeutung von Handlungen und Äußerungen interpretieren und vermittelt über Affekte in das Kind hineinprojizieren (z. B. durch Loben, Strafen oder Anerkennen). (vgl. Sutter 1997: 74) Zum Subjekt wird das Kind nicht durch Übernahme der subjektiven Deutungen der Eltern – das käme einer vollständig äußerlichen Determination gleich, sondern durch die nachträgliche Sinnrekonstruktion der noch unbegriffenen, aber im Gedächtnis archivierten frühkindlichen Erfahrungen. In Abgrenzung zu einer konstruktivistischen Position erschafft das Kind keine Strukturen, sondern bearbeitet vorhandene Strukturen nachträglich.

Anders als Freud, der frühkindliche Affekte als Folge der im Konflikt zwischen innerer („Es") und äußerer Realität („Über-Ich") entstehenden Frustration, über die Erkenntnis, Lustbefriedigung aufschieben zu müssen, sieht, resultieren im Modell der strukturalen Hermeneutik Affekte aus dem Konkurrieren verschiedener Handlungsentwürfe. Der Konflikt unverträglicher Sinnelemente bewirkt einen Affektstau, den das Kind in Ermangelung von Sinninterpretationskompetenz zunächst nicht auflösen und erst später, ab einem Alter von ca. acht Jahren, durch nachträgliche Sinnauffüllung der rational unbearbeiteten objektiven Strukturen ins Bewusstsein überführen und abführen kann. Gelingt das dem werdenden Subjekt nicht, entsteht aus der latenten Traumatisierung eine manifeste. Der Affektstau kann nicht aufgelöst werden und verbleibt im Unbewussten, was die Ausbildung von Pathologien zur Folge hat und Individuierung blockiert. Ursache für eine solche Blockade sind systematische Behinderungen der Ausbildung von Sinninterpretationskompetenz aufgrund von widersprüchlichen stellvertretenden Deutungshandlungen der Eltern. (vgl. Oevermann 1975, Sutter 1997: 106ff., Wagner 2004b: 358ff.)

Die nachträgliche Sinnauffüllung geschieht im Rahmen aktueller Krisen, die das werdende Subjekt zu bewältigen hat. Beim Versuch, eine anstehende Krise zu meistern, spinnt das Subjekt Sinnfäden zu früheren ähnlichen Ereignissen, die es damit aus ihrer Latenz holt, rekonstruiert deren Sinn und entwickelt auf dessen Basis Hypothesen über mögliche Lösungsstrategien für die Bearbeitung der aktuell anstehenden Krise. Das Subjekt rekurriert damit in seinem Handeln auf die interiorisierten objektiv latenten Sinnstrukturen der sozialisatorischen Interaktion. Mit der nachträglichen Sinnauffüllung der eigenen Lebensgeschichte erkennt es seine Antriebsbasis und macht das frühkindlich Erlebte subjektiv verfügbar. Der Widerstreit zwischen verschiedenen Handlungsentwürfen hört im Fortgang des Lebens zwar nicht auf. Er hat im Normalfall jedoch keine latent traumatisierende Wirkung mehr, weil der aus ihm resultierende Konflikt rational bearbeitet werden kann. Die Differenz zwischen objektivem und subjektiv verfügbaren Sinn verringert sich im Laufe des Sozialisationsprozesses. Sie wird aber niemals vollständig aufgehoben. Die Fähigkeit, objektiven Sinn vollständig rekonstruieren zu können, stellt das unerreichbare Ideal von Autonomie dar. (vgl. Wagner 2004b: 45ff.)

Während die beschriebenen Bildungsprozesse auf den ersten beiden Ebenen für alle Individuen gleichermaßen ablaufen, gilt es auf der dritten Erklärungsebene empirisch konkrete Subjekte und deren Abweichungen vom Idealtypus zu erklären.

1.2.4 Individuelle Differenzen

Die Individualität eines Falles manifestiert sich in der faktischen Selektion objektiv bestehender biografischer Optionen. Fallstrukturen transformieren sich während der primären Individuierung bis zum Ende der Adoleszenz beständig und erstarren in der Regel danach. Ein solches Erstarren ist am systematischen Ausschluss bestimmter objektiv bestehender Handlungsalternativen erkennbar.[7]

Differierende Bildungsverläufe sind mit den unterschiedlichen Strukturen der sozialisatorischen Interaktion erklärbar. Die Interaktion in den Familien hängt beispielsweise vom Herkunftsmilieu und den Individuierungsgraden der Eltern, von sozialstrukturellen Bedingungen, von kulturellen Einflüssen oder von unterschiedlichen historischen Bedingungen ab (vgl. Sutter 1997: 140f.). Auf der dritten Erklärungsebene wird das Zusammenspiel dieser Parameter mit den biografischen Entscheidungen des einzelnen Subjekts eruiert. Hier erfolgen querschnittartige Untersuchungen, die beispielsweise sozialisatorische Interaktionsstrukturen in Familien und Schulen rekonstruieren, oder längsschnittartige Erforschungen

---

7 Grundsätzlich sind nach Bewältigung der letzten Ablösungskrise Transformationen denkbar, allerdings nur aufgrund besonders dramatischer Krisen und auch nur im Rahmen der bis dato erworbenen Autonomiepotentiale.

von individuellen Lebensgeschichten auf der Folie spezifischer Interaktionsstrukturen, die den biografischen Möglichkeitsraum eröffnen und beschließen.

Auf der Ebene der individuellen Differenzen können Rechtsextremisten als Abweichler von den Erwartungen der Gesellschaft in Bezug auf die Erfüllung staatsbürgerlicher Pflichten identifiziert werden und es kann rekonstruiert werden, an welchen Stellen des Individuierungsprozesses die Weichen in Richtung dieser Entwicklung gestellt wurden. Nach dem hier beschriebenen Individuierungskonzept kann vermutet werden, dass die sozialen Bedingungen und die bis zum Ende der primären Individuierung erworbenen Autonomiepotentiale eines Subjekts über die Entstehung rechtsextremistischer Handlungsstrukturen entscheiden. Bevor der Forschungsstand zu Individuierungsverläufen von Rechtsextremisten aufgearbeitet wird, gilt es zunächst den zweiten zentralen Begriff dieser Arbeit zu definieren und zu konzeptionalisieren.

2 Rechtsextremismus

2.1 Begriffsbestimmung

Der Extremismusbegriff ist ein in Wissenschaft und Öffentlichkeit stark kontrovers diskutierter Begriff, der äußerst vielfältige Definitionsversuche erfahren hat oder abgelehnt wird. Es ist an dieser Stelle nicht beabsichtigt, die Begriffsdebatten und -kontroversen zu skizzieren. Vielmehr soll nach einer Begriffsdefinition gesucht werden, die den Ansprüchen und Zielen dieser Arbeit im Sinne einer Arbeitsdefinition gerecht wird.

Während staatliche Behörden und Einrichtungen Extremismus mit Bezug auf den jeweiligen Aufgabenbereich definieren und verschiedene Extremismen unterscheiden, wird hier ein sozialwissenschaftliches Verständnis zu Grunde gelegt und der Phänomenbereich auf den Rechtsextremismus eingegrenzt. Infolgedessen bestimmt sich Rechtsextremismus nicht als politisch motivierte Kriminalität (Polizei), Verfassungsfeindlichkeit (Verfassungsschutz) oder Antidemokratie (politische Akteure), sondern im Kontext der hier vertretenen Position einer strukturalen Soziologie unter Bezugnahme auf den soziologischen Grundbegriff der sozialen Struktur, die als objektive Sinnstruktur begriffen wird. Strukturen sind handlungsleitend, weil sie angeben, was es bedeutet, etwas zu tun. Sie operieren unabhängig vom individuellen Bewusstsein, liegen aber nicht außerhalb des Subjekts, weil sie an dessen Handeln gebunden sind.[8] Definitionen von Rechtsextremismus setzen sich im Wesentlichen mit drei verschiedenen Dimensionen auseinander, die sich stichpunktartig mit den Begriffen der theoretischen Grundlage, Politisiertheit und Organisiertheit umreißen lassen. Sie werden nachfolgend näher erläutert.

2.1.1 Theoretische Grundlagen

Auf dieser Ebene geht es um den theoretischen Zugang zum Phänomenbereich. Historisch gesehen entspringt der Extremismusbegriff einem Urteil des Bundesverfassungsgerichts aus dem Jahr 1952, in dem er als Ablehnung der Prinzipien einer freiheitlich demokratischen Grundordnung definiert wird. Die Autoren der SINUS-Studie 1981 kritisieren an dieser verfassungsrechtlichen Begriffsbestimmung, dass sie erst dann greife, wenn sich (rechts-)extremes Denken im Handeln manifestiert habe. Dem Handeln vorgelagerte extremistische Einstellungen würden nicht unter den Begriff fallen, infolgedessen eine frühzeitige Intervention und Prävention verhindert werde. (vgl. SINUS-Institut 1981: 32) Ein Großteil der Rechtsextremismusforscher wählt den Zugang zum Phänomenbereich deshalb über die Einstellungsebene. Konsens herrscht darüber, dass sich Rechtsextremismus nicht über eine einzige Einstellung definieren lässt, sondern ein Bündel von Einstellungen meint, welche in ein geschlossenes rechtsextremes Weltbild münden können. Uneinig ist man sich, welche Einstellungen dazu gehören und wie stark sie jeweils ausgeprägt sein müssen, um von einem geschlossenen rechtsextremen Weltbild sprechen zu können. Stöss konstatiert in Auswertung der Literatur, dass zum rechtsextremen Einstellungsmuster in Deutschland mindestens Nationalismus, Ethnozentrismus,

---

8   Der menschliche Geist objektiviert sich in Ausdrucksgestalten, die Träger von Strukturen sind. Strukturen sind zwar durch die Sinne nicht wahrnehmbar, können aber methodisch kontrolliert nachgewiesen werden und gehören deshalb der erfahrbaren Realität an. (vgl. Oevermann 2001c: 76f.) Sie sind in der Methodologie der objektiven Hermeneutik nicht metaphysisch, wie Reichertz behauptet (vgl. Reichertz 1988), sondern empirisch, im Sinne eines methodischen Realismus. Sie lassen sich in ihrer Reproduktion im Handeln konkreter Handlungszentren (z. B. Personen, Organisationen, Staaten) nachweisen. Zum Strukturbegriff der objektiven Hermeneutik vgl. auch Oevermann 1981: 7.

Antisemitismus und pronazistische, den Nationalsozialismus verherrlichende oder wenigstens doch verharmlosende Einstellungen zu zählen sind. Strittig sei hingegen die Zugehörigkeit von Autoritarismus, der alternativ nicht als Erscheinung, sondern Ursache gesehen werden kann. (vgl. Stöss 2007: 27)

Die Bestimmung von Rechtsextremismus über die Einstellungsebene bringt sowohl methodische als auch theoretische Schwierigkeiten mit sich. Methodisch problematisch ist die Unmöglichkeit der direkten Beobachtbarkeit von Einstellungen. Sie lassen sich nur aus (Sprech-)Handlungen erschließen, aber nicht direkt nachweisen. Theoretisch fragwürdig ist die angenommene Kausalität zwischen Einstellung und Handeln. Stöss sagt hierzu: „Einstellungen sind in der Regel dem Verhalten vorgelagert. Sie schlagen sich aber nicht zwangsläufig in konkreter Praxis nieder." (2007: 26). Dass Einstellungen und (sprachliche) Handlungen nicht zwingend in einem kausalen Verhältnis zueinander stehen, ist insbesondere in der sozialpsychologischen Forschung mehrfach nachgewiesen worden. Zick stellt in seiner Untersuchung über Vorurteile und Rassismus fest, dass „die vergleichsweise niedrige Korrelation von Einstellungsindikatoren mit tatsächlichen Verhaltensweisen" darauf hin deute, „daß das Verhalten ethnischen Minderheiten gegenüber nicht nur von individuellen Einstellungen, Ideologien oder Orientierungen abhängt" (Zick 1997: 144) und dass Einstellungen Verhalten nicht direkt determinieren, sondern – wenn überhaupt – vermittelt über Verhaltensintentionen beeinflussen. Er begründet dies einerseits mit Rekurs auf sozialpsychologische Studien, in denen ein starker Einfluss von Intergruppenprozessen und dem Meinungsklima auf Verhaltensintentionen festgestellt wurde (vgl. ebd.: 144f.) und mit einer Untersuchung von Six u. a., die ca. 60 Studien hinsichtlich bestehender Korrelationen zwischen Einstellungen, Intentionen, ein diskriminierendes Verhalten zu zeigen und diskriminierendem Verhalten auswerteten und zu dem Ergebnis kamen, dass der Zusammenhang zwischen Einstellung und Intention stärker war als der zwischen Intention und Verhalten (vgl. ebd.: 332). Auch Willems u. a. resümieren in ihrer Untersuchung über die Täter fremdenfeindlicher Gewalt, dass gewaltaffine Einstellungen und Handlungsbereitschaften allein tatsächliches Gewalthandeln nicht erklären können (vgl. Willems u. a. 1993: 72).

Das Problem der fehlenden Kausalität und der fehlenden direkten Beobachtbarkeit gilt auch für Definition, die über die Einstellungsebene hinausgehend Rechtsextremismus als Orientierungsmuster[9] bestimmen, wie beispielsweise Heitmeyer, der von rechtsextremistischen Orientierungsmustern spricht, wenn „die strukturell gewaltorientierte Ideologie der Ungleichheit verbunden wird zumindest mit der Akzeptanz von Gewalt als Handlungsform" (Heitmeyer 1995: 16).

Erfolgt die begriffliche Bestimmung von Rechtsextremismus über die Handlungsebene, tritt die erläuterte Schwierigkeit des fehlenden Nachweises einer Kausalität erneut auf – wenn auch in anderer Gestalt. Handeln setzt sich aus den beiden analytischen Komponenten des Verhaltens und dem damit verbundenen subjektiven Sinn zusammen (vgl. Weber 1995: 303). Während sich Verhalten direkt beobachten lässt, kann subjektiver Sinn nur indirekt erschlossen werden. Nur der Handelnde selbst weiß, ob er handelt und auf welches Ziel hin er handelt (vgl. Luckmann 1992: 38f.). Zudem sagt die Bekanntheit des Handlungsziels mitunter wenig über die Handlungsmotivation aus, die dem Handelnden selten vollumfänglich bewusst ist.

Innerhalb dieser Arbeit wird ein strukturtheoretischer Zugang zum Phänomenbereich gewählt. Nicht die Handlungsintention bzw. der mit der Handlung verbundene subjektive Sinn bestimmt ein Handeln als rechtsextremistisch, sondern die im Handeln sich manifestierenden latenten Sinnstrukturen[10]. Das methodische Problem der fehlenden direkten Beobachtbarkeit, welches für die Einstellungs- und Orientierungsebene sowie für den subjektiv gemeinten Sinn konstatiert wurde, wird damit nicht beseitigt. Auch Strukturen unterliegen keiner direkten Beobachtbarkeit. Sie können aber vermittelt über Ausdrucksgestalten erschlossen werden. Das theoretische Problem einer nicht erwiesenen Kausalität zwischen

---

9 Orientierungsmuster sind verhaltenssteuernde Aspekte des Handelns (vgl. Reinhold 2000: 253). Sie sind oberflächlicher als die tief verankerten Einstellungsmuster, liegen aber näher am tatsächlichen Handeln.

10 Latente Sinnstrukturen sind „eine logisch von der Intentionalität und den psychischen Repräsentanzen der je konkret handelnden Subjekte unabhängige und entsprechend auch nicht notwendigerweise aktual psychisch repräsentierte Realität, die gleichwohl eine empirisch nachweisbare ist und auf das Operieren algorithmischer Regeln zurückzuführen ist. Es ist eine Realität, die aufgrund dieser Regeln einfach da ist, wo immer Ausdrucksgestalten produziert worden sind und hinterlassen wurden." (Oevermann 2001d: 41)

Einstellungen, Orientierungen und subjektiven Sinn einerseits und Handeln andererseits, lässt sich in einer strukturtheoretischen Begründung des Phänomenbereichs jedoch vermeiden, weil aus dieser Perspektive Handeln als von bewusstseinsunabhängigen Strukturen und nicht von subjektiv gemeintem Sinn geleitet gilt.

Rechtsextremismus bestimmt sich in dieser Arbeit über die objektive Bedeutungsebene und lässt sich in Anlehnung an Stöss vorläufig als ein Handeln bestimmen, welches seinem objektiven Sinn nach nationalistisch, ethnozentristisch, antisemitisch und pronazistisch ist. Inwiefern dieses Handeln zwingend politisch-ideologisch motiviert sein muss, wird auf der zweiten Begriffsdimension herausgearbeitet.

2.1.2 Politisiertheit

Rechtsextremismus wird in der Literatur entweder als politisches oder unpolitisches bzw. vor-politisches Phänomen charakterisiert. Als politisch soll ein Handeln gelten, wenn es einer politischen Ideologie verpflichtet ist. Politisch-ideologisch meint „auf die Funktion der Verteidigung einer Interessenlage oder der Manipulation von Realitätserkenntnis gegen die Logik des besseren Arguments" (Oevermann 2001d: 43) beschränkt zu sein und einem politischen Programm zu folgen (vgl. Stöss 2007: 28). Über diese Funktion lassen sich Ideologien von Einstellungen, die individuelle Werturteile darstellen, abgrenzen. Unter unpolitischem bzw. vor-politischem Rechtsextremismus soll ein „Protestverhalten, das primär der Provokation und/oder dem Ausleben von aggressiven Persönlichkeitsmerkmalen dient" (ebd.), verstanden werden.

Sozialwissenschaftliche Ansätze betrachten Rechtsextremismus selten als politisches, sondern eher als soziales Phänomen, beispielsweise als Jugendphänomen, als Erlebniskultur oder als Individualisierungsfolge. Oevermann konstatiert, dass sich Jugendliche NS-Symbolen und rechtsextremistischer Gewalttaten bedienen, weil sie besonders hässlich und verwerflich und deshalb besonders provokativ erscheinen. Grundsätzlich seien sie aber Ausdruck einer unpolitischen Geisteshaltung. (vgl. Oevermann 1998: 84) Viele politikwissenschaftliche Ansätze thematisieren den politisch-ideologischen Aspekt viel stärker. So kritisiert Jaschke Heitmeyers Begriffseingrenzung auf Lebenslagen und Lebenswege Jugendlicher aus sozialisationstheoretischer Sicht und hält entgegen, dass

Rechtsextremismus eine weltanschaulich fundierte politische Ideologie sei (vgl. Jaschke 2001: 29). Dem ist entgegen zu halten, dass die Auswertung der Forschungsliteratur zeigt, dass Rechtsextremisten nicht nur Defizite in ihrer politischen Sozialisation aufweisen, sondern zu einem Großteil auch im Alltag durch deviantes Verhalten auffallen. Willems konstatiert für das Phänomen der Fremdenfeindlichkeit: „Die durchgehende öffentliche Thematisierung der fremdenfeindlichen Jugend-Gewalt als eine rechtsextremistische, neonazistische oder faschistische Gewalt wird (…) durch die empirischen Daten keineswegs gedeckt." (Willems 1993: 99). Krüger kommt in ihrer biografischen Untersuchung von Rechtsextremisten zu dem Ergebnis, dass „vermeintlich rechte Gewalttaten entweder gar nicht oder nur teilweise durch rechte Einstellungen motiviert werden" (Krüger 2008: 16). Vielmehr seien es genutzte Gelegenheiten, persönliche, soziale und emotionale Bedürfnisse zu befriedigen.

Der Konflikt zwischen beiden wissenschaftlichen Ansätzen resultiert m. E. aus zwei Missverständnissen. Einerseits definieren beide ihren Gegenstandsbereich disziplinenspezifisch. Politikwissenschaftler betrachten Rechtsextremismus als politisches Phänomen, Sozialwissenschaftler als soziales Phänomen. Schwerwiegender scheint mir aber die Vermischung der objektiven Bedeutungsebene mit der Motivationsebene zu sein. Der objektiven Bedeutung nach gibt es keinen unpolitischen Rechtsextremismus. Allein die Begriffssemantik und -historie würde einer gegenteiligen Annahme widersprechen. Die Prädikation des Extremismus als rechts stellt eine politische Klassifikation dar, mit der politisch-nationalistische Erscheinungsformen bezeichnet werden. Fraglich ist allerdings, ob Rechtsextremisten immer aus einer politischen Gesinnung heraus handeln oder ob sie nicht vielmehr die rechtsextreme Symbolik und Ideologie instrumentalisieren, um zu provozieren, Aufmerksamkeit zu erregen oder individuelle Bedürfnisse zu befriedigen. Wendet man sich der Beantwortung dieser Frage zu, befindet man sich nicht mehr auf der objektiven Bedeutungsebene, sondern erforscht die zu Grunde liegende Motivation für das Handeln. Auf Motivationsebene kann Rechtsextremismus nicht auf politisches Handeln reduziert, sondern muss weiter gefasst werden. Inwiefern die Motivation einem individuellen, kollektiven oder korporativen Handlungszentrum entspringt, gilt es auf der dritten Dimension zu klären.

2.1.3 Organisiertheit

Als organisiert gilt ein Handeln, wenn es innerhalb rechtsextremistischer Organisationen oder Parteien stattfindet. Ein zentrales Abgrenzungskriterium zwischen organisiertem und unorganisiertem Rechtsextremismus stellt in Anlehnung an Luhmann die (formale) Mitgliedschaft dar (vgl. Luhmann 2011: 81ff.). Einen hohen Organisationsgrad besitzen Parteien, einen deutlich geringeren Grad weisen spezifische Aktions- und Protestformen, wie z. B. die „Unsterblichen" oder die „Autonomen Nationalisten" auf, die sich lediglich zeitlich begrenzt zusammenschließen, um einzelne Aktionen in unterschiedlicher Personenzusammensetzung durchzuführen. Gleiches gilt für Teilnehmer von Neonazikonzerten oder Demonstrationen. Dazwischen sind lokale und regionale Gruppierungen, wie die „Freien Kameradschaften", anzusiedeln, die relativ feste Personenzusammenschlüsse ohne (formale) Mitgliedschaft darstellen. Rechtsextremismus manifestiert sich aber nicht nur im Handeln von Gruppen, Organisationen und Parteien, sondern auch im Handeln einzelner, autonom agierender Individuen. Jesse meint: „Ein politischer Einzelgänger kann ebenso dazu gehören wie eine nur schwach organisierte Gruppe, wie eine Partei oder eine klandestine Terrororganisation." (2004: 22). Viele Rechtsextremisten sind zwar mehr oder wenig organisiert und vernetzt, aber längst nicht alle, so dass weder die eine noch die andere Form aus dem Gegenstandsbereich ausgeschlossen werden kann. (vgl. auch Jaschke 2001: 30, Neureiter 1996: 13)

Zusammenfassend lässt sich der Phänomenbereich des Rechtsextremismus als objektiv strukturiert, in seiner genuinen Motivation über politische Programme und Aktionen hinausgehend, organisiert oder unorganisiert abstecken. Rechtsextremismus ist in jedem Fall an das Handeln eines konkreten Handlungszentrums gebunden – sei es ein Individuum, eine Gruppe, eine Organisation oder ein Staat. Wenn sich im Handeln einer Person nationalistische, ethnozentristische, antisemitische und pronazistische, den Nationalsozialismus verherrlichende oder verharmlosende Strukturen manifestieren, so kann sie im Falle der Reproduktion einer solchen Handlung als Rechtsextremist bezeichnet werden. Rechtsterroristen lassen sich als eine Sonderform und damit als Teilmenge der Rechtsextremisten beschreiben, weshalb sie hier nicht als gesondertes Phänomen behandelt werden.[11]

Will man die Werdung eines Subjekts zum Rechtsextremisten bzw. -terroristen auf der Basis von Individuierung erklären, muss sowohl auf die Bedingungen der sozialisatorischen Interaktion als auch auf die Krisen und deren Bewältigung in der Lebensgeschichte des in Frage stehenden Falls rekurriert werden. Individuierung vollzieht sich innerhalb der Strukturen der sozialisatorischen Interaktion, die von den historisch konkreten gesellschaftlichen Bedingungen beeinflusst sind. Innerhalb dieser Strukturen entfaltet das Subjekt seine Autonomie – ein Prozess, der im Wesentlichen von der Bewältigung der vier ontogenetischen Ablösungskrisen abhängt. Auf den Zusammenhang zwischen der Art und Weise der Lösung der Ablösungskrisen und Rechtsextremismus wird im folgenden Abschnitt eingegangen.

2.2 Rechtsextremismus als misslungene Ausformung der Adoleszenzkrise

Vor dem Hintergrund eines lebenslaufanalytischen Zugangs zum Individuierungsprozess im Rahmen dieser Arbeit kann der Lebenslauf als eine Art Verkettung von Krisen und deren Bewältigung charakterisiert werden. Während es bis zum Abschluss der Adoleszenz v. a. die vier großen Ablösungskrisen sind, deren gelungene Bewältigung den Einzelnen zu einem

---

11 Die Besonderheit des Terrorismus stellt für Jesse der starke Organisationsgrad und die Gewaltanwendung dar (vgl. Jesse 2004: 16). Terrorismus ist eine „extreme" Form des Extremismus, „wobei vor allem das Moment des organisierten, strategischen und fortgesetzten Einsatzes physischer Gewalt zu betonen ist" (Kemmesies 2006: 11). Auch Pfahl-Traughber folgt dieser Sichtweise. Rechtsterrorismus ist für ihn „die Bereitschaft zu politisch motivierter Gewaltanwendung im Namen von Nationalismus oder Rassismus in Verbindung mit der Integration in eine kleine Gruppe von Gesinnungsgenossen, die als Bestandteil einer längerfristig angelegten politischen Strategie regelmäßig Anschläge begehen" (Pfahl-Traughber 2012: 62). Terroristen nehmen im Unterschied zu den nicht-terroristischen Extremisten die Schädigung ihrer Opfer nicht nur billigend in Kauf, sondern führen sie gezielt herbei. Dabei fokussieren sie sich nicht auf ihr Opfer in seiner Totalität, sondern nur auf einen spezifischen Persönlichkeitsausschnitt und dessen Symbolkraft.

autonomen Subjekt werden lässt, gilt es im Erwachsenenalter Entscheidungskrisen, die das Individuum durch hypothetisches Konstruieren von Handlungsmöglichkeiten selbst herbeiführt, mit den zuvor erworbenen Autonomiepotentialen zu lösen (vgl. Oevermann 2004: 165).

Die erste Ablösungskrise im Leben eines Menschen besteht in der Trennung des Fötus vom Mutterleib. „Mit der erfolgreichen, gewissermaßen programmgemäßen Geburt" macht das Neugeborene eine Erfahrung, „die sich mit der Bildung einer basalen Habitusformation des Inhalts ‚Im Zweifelfall geht es gut' umschreiben lässt" (ebd.: 164). Insofern stellen der Schwangerschaftsverlauf, der Geburtsvorgang und eine tiefe Mutter-Kind-Bindung in den ersten Lebensjahren die erste Weiche im Bildungsprozess des Subjekts in Richtung struktureller Optimismus, der es dem Kind ermöglicht, sich zukünftigen Krisen zu stellen. Verlaufen Schwangerschaft, Geburt und/oder frühe Mutterbindung komplikationsbehaftet, so stellt sich ein struktureller Pessimismus ein, der die Individuierung blockiert. Die zweite Ablösungskrise stellt der Übergang von der Mutter-Kind-Symbiose zur ödipalen Triade dar, in der die Mutter aus der Symbiose austritt und das Kind seinen Ausschließlichkeitsanspruch auf sie aufgeben und mit dem Vater teilen muss. Dafür gewinnt die Vater-Kind-Beziehung an Bedeutung. Die nächste Krise stellt der Austritt aus der ödipalen Triade dar, die Folge der strukturellen Eifersucht durch den Ausschluss des Kinds aus der Gattenbeziehung der Eltern ist und den Wunsch nach Aufnahme einer eigenen Gattenbeziehung aufkommen lässt.[12] Das Kind geht in die Latenzphase über und nimmt neue Bindungen in seiner peer-group auf. Es erlernt rollenförmiges Handeln (z. B. als Schüler oder als Spielkamerad) und das Austarieren des Widerspruchs zwischen Eigeninteresse und Gemeinwohl innerhalb der zwanglosen Kommunikation in der peer-group (vgl. Wagner 2004b: 74f., 227). Die letzte und zugleich folgenreichste Ablösungskrise stellt die Adoleszenz dar, nach deren Bewältigung an den Jugendlichen die Erwartung herangetragen wird, eine stabile Persönlichkeit ausgebildet zu haben und das Rüstzeug für die autonome Bewältigung der Krisen im Erwachsenenleben zu besitzen. In ihr experimentieren die Jugendlichen mit unterschiedlichen Lebensentwürfen und suchen nach ihrem Platz in

---

12 Der Austritt aus der ödipalen Triade findet etwa zwischen Ende des dritten und dem fünften/sechsten Lebensjahr statt.

der Gesellschaft. Die Adoleszenz markiert das vorläufige Ende des Individuierungs- bzw. Bildungsprozesses des Subjekts. Grundlegende Transformationen der Persönlichkeitsstruktur finden erst wieder in der Lösung traumatischer Krisen, wie z. B. den Tod eines Angehörigen, eine schwere Krankheit oder der Verlust des Arbeitsplatzes, statt. Die Bewältigung von Entscheidungskrisen „lösen Bildungsprozesse aus, aber doch nur solche, die als Modulationen des grundsätzlich Gefügten anzusehen sind" (Oevermann 2009: 37). Nach Beendigung der Adoleszenzkrise erwartet die Gesellschaft, dass der Heranwachsende die Sinnfrage für sich gelöst hat, eine klare weltanschauliche Position bezieht und sich in den drei Bereichen individuelle Leistung/Erwerbsleben, Elternschaft und Beitrag zum Gemeinwohl bewährt. Von einer gelungenen Krisenbewältigung ist zu sprechen, wenn der Adoleszent in diesen drei Bewährungsfeldern einen Standpunkt gefunden hat, der sich von denen der Eltern absetzt und dennoch als gesellschaftlich akzeptiert gilt. (vgl. ders. 2004: 163ff., 2009: 38ff.)

Oevermann untersuchte den jugendlichen Rechtsextremismus zu Beginn der 1990er Jahre, der durch eine quantitative Zunahme an Handlungen und eine Brutalisierung der Gewalt gekennzeichnet war. Er identifiziert die Adoleszenzproblematik in ihrer historisch konkreten Ausprägung der 1990er Jahre als zentrale Handlungsmotivation für das Phänomen. Da der im empirischen Teil analysierte Fall in diesen historischen Kontext fällt, sollen hier seine Thesen kurz vorgestellt werden.

„These 1: Die Gewalt-Kriminalität gegen Ausländer ist in der übergroßen Mehrzahl nicht die Folge genuin politischer rechtsextremer Überzeugungen und Strategien, sondern Ausdruck von etwas ganz anderem."
(Oevermann 1998: 86)

Diese These begründet Oevermann mit dem jugendlichen Alter der Täter, die in über zwei Dritteln der rechtsextremistischen Gewalttaten jünger als 18 Jahre waren. Dies sei kein Alter, in dem man von einer gefestigten politischen Position ausgehen könne. Zudem ließen Interviews mit Rechtsextremisten eine konsistente ideologische und differenzierte Argumentation vermissen. Vielmehr deuteten die Rechtfertigungen für ihr Handeln auf ein fehlendes staatsbürgerliches Verantwortungsbewusstsein hin. Eine dritte Begründung der These stellt der geringe Organisationsgrad der Rechtsextremisten dar, durch den sie sich grundlegend von den Nationalsozialisten unterscheiden. Einzelne Protagonisten beherrschen die Szene und treten in verschiedenen Gruppierungen in Erscheinung – jedoch eher, um sich selbst zu inszenieren als eines politischen Zieles wegen. Ein viertes Argument für das Zutreffen der These stellen Beobachtungen dar, nach denen rechte Parteien immer dann Zulauf erhalten, wenn das bürgerliche Parteienlager zerstritten ist, was für den untersuchten Zeitraum zutraf. (vgl. ebd.: 86ff.)

„These 2: Die rechtsextremistischen und rechtsradikalen Jugendlichen wählen die Nazi-Symbole und rassistischen Parolen und üben die Gewalttaten mit rechtsextremistischen Begründungen aus, weil diese ethisch und sittlich in der Bundesrepublik aufgrund der deutschen Geschichte in besonderem Maße widerwärtig und bösartig sind und einen außerordentlich hohen Provokationswert haben." (ebd.: 98)

Nachdem Oevermann in seiner ersten These erläutert, warum der jugendliche Rechtsextremismus keine politische Position darstellt, identifiziert er nun Provokation als die genuine Motivation der Jugendlichen. Aufgrund der Schuld der deutschen Bevölkerung an der Machtergreifung Hitlers und der Beteiligung an der Vernichtung von Menschen stelle die Verwendung von NS-Symbolen eine Provokation ersten Grades dar. Einzelne Jugendkulturen benutzten solche Symbole schon immer (z. B. Punks, Rocker, Skinheads), weil sie damit in Deutschland Aufmerksamkeit und Medieninteresse auf sich ziehen konnten. Das vermehrte Auftreten fremdenfeindlicher Gewalt Anfang der 1990er Jahre im ehemals „antifaschistischen" Ostdeutschland spreche eher für eine „provokatorisch-trotzige Reaktion in der Adoleszenzkrise auf dem Hintergrund einer defizitären und/oder über-pädagogisierten politischen Sozialisation" (ebd.: 101) als für eine politische Bewegung. Während die nationalsozialistische Bewegung die Sittlichkeitsverletzung in ihrem Handeln wegen fehlender politischer Reife als solche nicht erkannte, träfe das auf die heutigen Rechtsextremisten nicht mehr zu. Ihr Defizit liege in einem fehlenden politischen Verantwortungsgefühl. Sie benutzen die Sittlichkeitsverletzung, um sich abzugrenzen und Aufmerksamkeit zu erzielen. Zudem widersprechen Übergriffe rechtsextremistischer Jugendliche auf Behinderte, Alte und Obdachlose einer primär politischen Motivation der Taten. Viel eher seien diese Handlungen erklärbar mit einer „Verhöhnung der normalen Sittlichkeit und der normal ethisch-moralischen Bindungen" (ebd.: 101), mit denen Sittlichkeitsverletzungen allgemein kriminellen Handelns noch überboten werden.

„These 3: Das Syndrom der Provokation durch monströse Verletzung elementarer Sittlichkeit paart sich mit einer deutlich angestiegenen Gewaltbereitschaft und Enthemmung primitiver Aggressions-Triebe. Bei der jetzigen Adoleszenten-Generation scheint eine besorgniserregende Lockerung allgemeiner elementarer sittlicher Bindungen und ein Verlust in der Kontrolle der Gewaltbereitschaft vorzuliegen. Das eigentliche Problem der rechtsextremistischen Gewaltwelle liegt weniger in dem Willen zur Provokation als in dieser Lockerung der Kontrolle der Gewaltbereitschaft." (ebd.: 103)

Neu am Rechtsextremismus sei seit Anfang der 1990er Jahre die Brutalisierung der Gewalt. Der Tod der Opfer werde, wie beispielsweise in Rostock-Lichtenhagen, Hoyerswerda oder Solingen, billigend in Kauf genommen. In den Taten widerspiegele sich eine bis dato nicht gekannte erhöhte Gewaltbereitschaft der Jugendlichen. (vgl. ebd.: 103f.)

These 4: Parameter für eine Erklärung der erhöhten Gewaltbereitschaft sind:
„a) allgemeine generationsspezifische sozialisatorische Defizite im Elternhaus und im Umfeld
b) Folgewirkungen der fortschreitenden Säkularisierung und Enttraditionalisierung der Gesellschaft
c) Verschwinden von sozial integrierten Anlässen für ‚peer-group'-artige adoleszente Vergemeinschaftungen, in denen die Aggressions-Regulierung in der Adoleszenzkrise eingeübt werden kann." (ebd.: 104)

Oevermann erläutert in dieser vierten These die Gründe für die erhöhte Gewaltbereitschaft. Sie seien im Wandel der Sozialisationsinstanzen, der Aufbrechung sozialer Milieus sowie in der Abnahme von Vergemeinschaftungsmöglichkeiten für die adoleszenten Jugendlichen zu suchen. Familien seien fragmentierter, desintegrierter und unverbindlicher geworden. Sie werden heute größtenteils nur noch über Affekte und nicht mehr über andere Gemeinsamkeiten (z.B. Familienunternehmen) zusammengehalten, wodurch sie instabiler seien. Schulen orientieren sich an abstrakten Lehrplänen und weniger an der konkreten Praxis. Damit können sie ihre

Funktion, zwischen Eigeninteresse der Schüler und Gemeinwohl zu vermitteln, nicht mehr erfüllen. Zudem hindern Lehrer, die die Rolle eines „Kumpanen" anstelle einer Autoritätsperson einnehmen, die Schüler, eine Solidargemeinschaft auszubilden, deren Kern die Ablehnung des Lehrers bildet und in der sie ihre Gemeinwohlbindung ausbilden können. Die Entkoppelung von Wissen und Praxis lässt den Eindruck entsteht, es käme auf die „gelaberte" Beherrschung der Gesinnung als Lebensstil und nicht auf die gelebte Praxis an. Die Verwirklichung des Selbst verkommt zum Selbstzweck und wird damit unmöglich, weil Selbstverwirklichung nur über die Hingabe an eine Sache außerhalb des Selbst erreichbar ist. Diese Selbstinszenierungslogik werde durch den Einfluss der Medien weiter verstärkt. (vgl. ebd.: 104ff.)

Der gesellschaftliche Enttraditionalisierungsprozess schwäche zudem die sozialen Bindungen innerhalb der Milieus. Selbst traditionelle soziale Milieus, wie das Arbeitermilieu, seien zunehmend kaum mehr in der Lage, in Schwierigkeit geratene Individuen aufzufangen und zu integrieren, so dass staatliche Sozial- und Fürsorgeeinrichtungen diese Funktion übernehmen müssen. Das Individuum werde dort jedoch zum abweichenden Fall erklärt. Anders als Milieus solidarisieren sich Ämter nicht mit den Betroffenen, sondern grenzen sie aus. Der Verlust sozialer Anerkennung überträgt sich vom Einzelnen auf dessen Familie, d. h. auch auf die Kinder. (vgl. ebd.: 108ff.)

Gewaltaffinität kennzeichne die Adoleszenzkrise per se und stelle als solche noch keine Auffälligkeit dar, weil erst in der peer-group eine für das Erwachsenendasein erforderliche Aggressionsregulierung eingeübt werde. Einen Grund für die Zunahme der Gewaltbereitschaft unter den Jugendlichen zu Beginn der 1990er Jahre sieht Oevermann in den nur noch eingeschränkten Möglichkeiten zur jugendlichen Gemeinschaftsbildung, weil beispielsweise Vereine zu Dienstleistungsunternehmen „mutierten" oder die mit Gemeinschaftscharakter ausgestatteten Kinder- und Jugendorganisationen der DDR schlagartig wegbrachen und neue Strukturen noch nicht zur Verfügung standen. Eine Aggressionsregulierung bleibe infolge dessen defizitär oder erfolge gar nicht, was die gesteigerte Gewaltbereitschaft der Heranwachsenden erklären könne. (vgl. ebd.: 109ff.)

Die vier Thesen zusammenfassend lässt sich festhalten, dass Rechtsextremismus Anfang der 1990er Jahre kein Resultat einer bestimmten politischen Sozialisation, sondern Folge des Fehlens sittlicher Bindungen, die rechtsextremistisches Handeln verhindern würden, ist. Im Rechtsextremismus manifestiert sich „eine spezifische, gewaltbereite psycho-soziale Ausformung der Adoleszenz-Krise" (ebd.: 84), die Folge defizitäre Sozialisationsbedingungen sowie der Enttraditionalisierung und Transformation sozialer Beziehungen ist. Oevermann beschreibt den idealtypischen rechtsextremistischen Täter folgendermaßen:

> „Es wäre ein männlicher Jugendlicher, dessen Herkunftsfamilie schwer gestört ist, z.B. durch Scheidung der Ehepartner bei jahrelang vorausgehender ‚Kriegsführung' zwischen den Ehegatten oder aber, was noch schlimmer ist, eine äußerlich intakte Familie mit sinnentleertem täglichen Binnenleben; dessen Herkunftsfamilie des weiteren aus der Leistungsgesellschaft herausgefallen und sozial zum Pflegefall geworden ist, der also von seinem Zuhause her anker- und wurzellos geworden ist, und der schließlich in seiner lokalen Umgebung keinen Anschluß an eine intakte, einer gemeinsamen Sache sich widmenden jugendlichen ‚peer group' finden kann, sondern allenfalls sich mit anderen Jugendlichen in ähnlicher Lage negativ ausgrenzt, also in negativ bestimmter Gemeinsamkeit zusammenfinden kann." (ebd.: 111)

Ist die sozialisatorische Interaktion von familiärer Desintegration und sozialer Ausgrenzung geprägt und fehlen zum Zeitpunkt der Adoleszenz mit positiver Gesinnung verbundene Vergemeinschaftungsmöglichkeiten, so wächst das Risiko für ein Abdriften in eine deviante Biografie.[13] Trifft der Adoleszent in einer solchen Situation auf eine Gemeinschaft mit negativer Gesinnung oder schließt er sich mit Personen zusammen, die sich ebenfalls in einer solchen Lage befinden, können sich abweichende Identitäten herausbilden.

Für die Analyse von Individuierungsverläufen bedeutet dies, besonderes Augenmerk auf die strukturellen Bedingungen während der Lösung der Adoleszenzkrise und der vorherigen Ablösungskrisen, in denen das Subjekt

---

13 An dieser Stelle ist das Individuierungskonzept an die Individualisierungstheorie anknüpfungsfähig. Beck sieht das familiale Bindungs- und Versorgungsgefüge infolge der veränderten Lage der Frauen als stabilitätsverlustig (vgl. Beck 1986: 208f.). Er konstatiert, dass von Arbeitslosigkeit Betroffene mit sich selbst austragen müssen, wofür klassengeprägte Lebenszusammenhänge Abwehr- und Unterstützungsformen bereithielten (ebd.: 144) und dass sich lebensweltliche Beziehungen immer mehr dem Charakter von Sozialbeziehungen in Großorganisationen angleichen (Beck 1983: 54).

das notwendige Potential dafür erwirbt, zu legen. Vor diesem Hintergrund wird im nächsten Kapitel der Forschungsstand aufgearbeitet.

3 Individuierungsverläufe von Rechtsextremisten

3.1 Forschungsstand

Forschungsprojekte, in denen die Lebensverläufe von politisierten Extremisten und Terroristen untersucht wurden, sind zahlenmäßig relativ überschaubar. Gründe dafür können in der Seltenheit des Phänomens[14], in der Unwilligkeit der Extremisten und Terroristen, sich als Untersuchungsteilnehmer zur Verfügung zu stellen, in ihrem zum Teil konspirativen Leben, in den nicht selten für sie selbst tödlich endenden Gewalthandlungen oder in einem erschwerten Zugang zu Lebenslaufdaten aufgrund datenschutzrechtlicher Bestimmungen liegen. Untersuchungen zu jugendlichen, eher unpolitischen Rechtsextremisten sind hingegen häufiger zu finden.[15] Die wichtigsten Untersuchungen und ihre zentralen Ergebnisse werden im Folgenden vorgestellt, wobei der Fokus auf den politisierten, delinquent gewordenen Extremisten liegt.

Zwischen 1978 und 1981 wurde ein vom Bundesinnenministerium in Auftrag gegebenes Forschungsprojekt zur Untersuchung der individuellen, gruppenspezifischen, gesellschaftlichen und historischen Bedingungen für Terrorismus durchgeführt. Im Rahmen dieses Auftrags gab es verschiedene Teilprojekte, die durch einzelne Teams von Wissenschaftlern untersucht wurden. Eines dieser Teilprojekte bestand in der Untersuchungen der Lebensläufe von 227 Linksterroristen und 23 Rechtsterroristen (vgl. Jäger/ Schmidtchen/Süllwold 1981). Datenbasis bildeten behördliche Akten, jedwede Dokumente über die Personen und biografische Interviews.

Schmidtchen wertete im Rahmen dieses Forschungsprojekts Prozessakten und polizeiliche Fahndungsunterlagen von zum Teil im Untergrund lebenden Mitgliedern und Unterstützern terroristischer Gruppierungen

---

14 Politisch motivierte Kriminalität macht im Jahr 2013 laut den Zahlen von Bundeskriminalamt und Bundesministerium des Inneren nur 0,5% der Gesamtkriminalität in Deutschland aus.
15 Mit jugendlichen, eher unpolitischen Rechtsextremisten sind jene gemeint, bei denen der Erlebnischarakter und weniger die politische Gesinnung der rechtsextremistischen Handlungen im Fokus steht.

aus. Es zeigte sich, dass Rechtsterroristen überwiegend aus einfachen Schichten und Linksterroristen etwa zur Hälfte aus gehobenen Schichten kamen (vgl. Schmidtchen 1981: 21). Während die Rechtsterroristen über eine eher schlichte Bildung verfügten, besaß etwa die Hälfte der Linksterroristen die Hochschulreife bzw. studierte. Bei einer großen Anzahl der Terroristen gelang der Übergang nach der Ausbildung in den Beruf nur schleppend. Häufig hatten sie überdurchschnittlich ehrgeizige Eltern, die ihre Bildungsmöglichkeiten unrealistisch einschätzten. Vermutlich erklärt dies, zumindest teilweise, die überdurchschnittlich hohe Anzahl unvollständiger Bildungswege und Ausbildungsabbrüche sowie die oft mangelnde Umsetzung der Qualifikation in eine adäquate berufliche Position, so die Schlussfolgerung Schmidtchens. (vgl. ebd.: 24ff.) Überdurchschnittlich viele Terroristen (25%) kamen aus unvollständigen Familien (vgl. ebd.: 29). Ihre Jugend war von Konflikten mit Eltern, Schulkameraden, Lehrern, Kollegen oder Vorgesetzten und durch delinquentes Handeln gekennzeichnet. Bei etwa zwei Dritteln der Terroristen konnten Auffälligkeiten in der Schule beobachtet werden (z. B. Schulabbruch, Schulwechsel, „Sitzenbleiben") (vgl. ebd.: 35). Rechtsterroristen interessierten sich vor allem für Sport und Politik, Linksterroristen besaßen ein größeres Interessensspektrum (vgl. ebd.: 38). Mit zunehmender Radikalisierung veränderte sich die Sprache und die terroristische Gruppe isolierte sich. (ebd.: 48) Das „‚Kippen' in eine rechtsterroristische Entwicklung" vollzog sich „nicht so deutlich über Vorstadien der Herauslösung aus der bisherigen Umwelt wie im linksterroristischen Bereich" (Süllwold 1981: 111).

16 Personen aus der Gruppe der Linksterroristen wurden interviewt. Es zeigten sich zwei Typen von Entwicklungsverläufen der Kindheit und Adoleszenz. Entweder gab es bei äußerlich günstigen Sozialisationsbedingungen innerfamiliäre Spannungen und Konflikte. Der Vater wurde in dieser Fallgruppe häufig als kontrollierend und beherrschend beschrieben. Nur vereinzelt schilderten die Interviewten die Beziehung zu ihren Eltern als harmonisch. Der zweite Typ waren Befragte, die psychosoziale Defizite aufwiesen. Sie wuchsen in unvollständigen Familien und ohne wirkliches Familienleben auf (Zuwendungsausfälle, Ablehnung, Misshandlung, Abschiebung in Heime etc.) (vgl. ebd.: 145f.) Gelegentlich konnten Erziehungs- und Schulschwierigkeiten, unregelmäßiger Schulbesuch, Heimaufenthalte

oder Fürsorgeerziehung und Jugenddelinquenz festgestellt werden. Die Gruppenzugehörigkeit brachte den Interviewten „Zuwendungs- und Anerkennungserlebnisse" und „intensive menschliche Beziehungen mit einer Art Nachsozialisation" (ebd.: 146).

Böllinger untersuchte im Rahmen des angesprochenen Forschungsprojekts die Biografien einzelner Terroristen hinsichtlich ihrer psychosozialen Dynamik an Hand von Tiefeninterviews (n=7). Im Ergebnis entwarf er ein sechsstufiges Karrieremodell, welches den Prozess der individuellen Verstrickung in das kollektive Handeln einer terroristischen Gruppe beschreibt. Auf einer ersten Stufe sind terroristische Karrieren durch defizitäre Kindheitserfahrungen gekennzeichnet. Die untersuchten Terroristen waren großen psychosozialen Belastungen und Konflikten in ihren Familien oder Heimen bzw. Lagern ausgesetzt (z. B. Zuwendungsausfälle, mangelnde Geborgenheit). Damit verbundene Ohnmachtserfahrungen trieb sie auf einer zweiten Stufe in Gruppen Gleichgesinnter, in denen sich ihre Ohnmachts- in Allmachtsgefühle kehrten. Diese Gruppen wurden zu Ersatzfamilien. In ihnen herrschten kontrastierende Denk- und Lebensweisen vor, die zur Abschottung und Isolierung von der übrigen Bevölkerung führten. Eine Politisierung fand überwiegend erst nach Eintritt in die Gruppe statt. Die angehenden Terroristen fühlten sich als Teil einer sozialen Bewegung. Die Ablehnung durch die Mehrheitsgesellschaft und staatlichen Institutionen frustrierte sie und verstärkte ihre Ohnmachtsgefühle, denen mittels Allmachtsfantasien begegnet wurde und die eine Eskalationsspirale in Gang setzten. Die Gruppen radikalisierten sich auf einer dritten Stufe weiter. Sie setzen sich nicht mehr mit Gegenmeinungen auseinander, sondern isolierten sich über eigene Wert- und Realitätsvorstellungen. Gruppenloyalität spielte für das individuelle Handeln eine ebenso große Rolle wie die Stabilisierung psychischer Belastungen durch die Gruppenidentifikation. Die radikalisierten Gruppen distanzierten sich zunehmend auch vom Sympathisantenumfeld. Die fünfte Stufe ist durch eine Militarisierung der Gruppen gekennzeichnet. Die Gruppenmitglieder verstanden sich als Krieger und veränderten ihre Sprache durch die Verwendung militärischer Begriffe. Der „Kriegszustand" legitimierte die Anwendung von Gewalt und schaltete Schuldgefühle aus. Die sechste Stufe, die Inhaftierung, eröffnete die zwei Optionen des Ausstiegs und einer Weiterradikalisierung. Böllinger bezeichnet den Prozess der

Terroristenwerdung als „Sozialisation in die abweichende Konformität". (vgl. Böllinger 2006)

Heitmeyer erforschte in einer Langzeituntersuchung Sozialisationsprozesse im familiären Umfeld, in der peer-group, im Beruf sowie politische Orientierungen und Handlungsweisen hinsichtlich der Identitätsentwicklung von Jugendlichen (vgl. Heitmeyer 1993). Den Schwerpunkt legte er auf die Folgen der Ausgrenzung aus der Erwerbsarbeit durch die Bedrohung oder den Verlust des Ausbildungs- oder Arbeitsplatzes. Heitmeyer kommt zu dem Ergebnis, dass die formale Integration in den Arbeitsbereich zwar eine zentrale, aber keine hinreichende Voraussetzung für die Entwicklung bzw. Gewährleistung von Distanz gegenüber verschiedenen Varianten von Ideologien der Ungleichheit und/oder Gewaltakzeptanz darstelle (vgl. ebd.: 471). Eine Zurückdrängung oder Aufgabe sachlich-inhaltlicher Arbeitsorientierung bei Jugendlichen mit einer hohen Aufstiegsmotivation und dem Wunsch, zur Leistungselite gehören zu wollen, könne dazu führen, ein daraus resultierendes Sinnvakuum mit Ideologien der Ungleichheit und verschiedener Formen der Gewaltakzeptanz zu besetzen (vgl. ebd.: 474, 574). „So wie im Arbeitsbereich die Tätigkeiten und sozialen Arbeitsbeziehungen instrumentalistisch betrachtet werden, so werden in rechtsextremistischen Orientierungen, vor allem in fremdenfeindlichen Positionen, die jeweiligen Menschen instrumentalistisch betrachtet (...)" (ebd.: 574). Nicht Individualisierung, sondern Instrumentalisierung, als ein „affines Muster der industriegesellschaftlichen Verwertungslogik" (ebd.: 595) liege dem Phänomen der Ideologie der Ungleichheit zu Grunde. Die Instumentalisierungslogik führe zur Lockerung der Bindungen und Nichtanerkennung der anderen, die infolgedessen abgewertet, entpersonifiziert und verdinglicht werden (vgl. ebd.). Ähnlich verhalte es sich mit einer rein „äußerlichen" Integration in Familie und peer-group. Es gehe nicht darum, ob jemand Arbeit, Familie oder eine Clique hat oder nicht, sondern wie er Arbeitslosigkeit oder Arbeitsinhalte, Familien- und Gruppenklima subjektiv bewertet.

Willems u. a. analysierten in der sogenannten Trierer Studie Ermittlungs- und Gerichtsakten von Verdächtigen, deren Taten durch die Polizei als fremdenfeindlich motiviert einklassifiziert und die 1991/92 begangen wurden (vgl. Willems u. a. 1993). Sie kamen zu dem Ergebnis, dass drei Viertel aller Untersuchten einen Hauptschulabschluss oder gar keinen

Abschluss besaßen.[16] Familiale Strukturveränderungen und Diskontinuitäten waren nicht häufiger oder seltener als in der Gesamtbevölkerung zu finden. „Familiale Desintegrationserscheinungen im Sinne einer Auflösung der Familie oder ihrer krisenhaften Veränderung durch Vater- oder Mutterverlust können also offensichtlich nur für eine kleine Gruppe von Tatverdächtigen eine wichtige Rolle spielen." (Willems u. a. 1993: 124), so die Schlussfolgerung der Forscher. Inwiefern binnenfamiliäre Probleme und Sozialisationsdefizite bei den untersuchten Tatverdächtigen bestanden, konnte mittels Aktenanalyse nicht festgestellt werden. Fast die Hälfte der Täter besaß polizeiliche Vorerkenntnisse im nicht einschlägigen Bereich. Nur 18% waren wegen politischer Straftaten schon einmal in Erscheinung getreten. (vgl. ebd.: 131)

Die Auswertung der Gerichtsakten ließ einen tieferen Einblick in die biografischen Muster der Täter zu. Es zeigte sich ein heterogenes Bild. Sowohl im familiären Bereich als auch in Schule und Beruf gab es unauffällige, problematische und konfliktbelastete Verläufe sowie biografische Brüche (vgl. ebd.: 162ff.). Willems u. a. konstatieren: „Es bestätigt sich also keineswegs das Bild der Öffentlichkeit vom Prototyp eines fremdenfeindlichen Gewalttäters, der weder schulisch noch beruflich integriert ist." (1993: 171). Allerdings zeigte sich häufig, dass fremdenfeindliche Täter berufsbedingt unzufrieden und überfordert waren, was Heitmeyers These des Einflusses subjektiver Bewertungen auf den Entwicklungsverlauf bekräftigt.

Die Trierer Studie wurde im darauffolgenden Jahr fortgeschrieben (vgl. Willems/Würtz/Eckert 1994). Es wurden fremdenfeindliche Tatverdächtige aus den Jahren 1992/93 untersucht. Bezüglich der Bildungsabschlüsse, der familialen Strukturen und der polizeilichen Vorerkenntnisse stimmten die Untersuchungsergebnisse mit denen der Grundstudie überein (vgl. ebd.: 33ff.). Neue Erkenntnisse gab es nicht.

König unterzog die Studie von Willems u. a. einer sozialpsychologischen Sekundäranalyse (vgl. König 1998). Er resümiert, fremdenfeindliche Gewalt sei die Folge unbewältigter emotionaler Konflikte, die auf

---

16 Eine Unschärfe dieses Ergebnisses ist darin zu sehen, dass einige Tatverdächtige sich noch im Bildungssystem befanden und ihren endgültigen Bildungsabschluss noch nicht erreicht hatten.

„punktuellen Beschädigungen der Subjektivität infolge familialer und schulischer Sozialisationsdefizite" (König 1998: 177) beruhe. Defizitär sozialisierte Jugendliche finden sich in Gruppen zusammen, in denen sie ihre ungelösten Konflikte aggressiv ausagieren (ebd.: 185).

Wahl u. a. führten 1997/98 eine Replikation der Studie der Trierer Forschungsgruppe um Willems durch (vgl. Wahl 2001, 2002). Ihre Datenbasis bildeten ebenfalls polizeiliche Ermittlungsakten und Gerichtsakten von Tatverdächtigen, die durch die Polizei als fremdenfeindlich einklassifiziert wurden. Die Auswertung der Polizeiakten brachte kaum Erkenntnisse, weil biografische Hintergrundinformationen fehlten. Gut die Hälfte der Tatverdächtigen war wegen nicht-politischer Delikte vorbelastet. Es gab „einen großen Überschneidungsbereich zwischen politisch motivierter Delinquenz und allgemeiner Jugenddelinquenz" (Wahl 2001: 123 f.).

Die Gerichtsakten waren hinsichtlich lebenslaufrelevanter Daten ergiebiger. Die Gerichte kamen mehrheitlich zu dem Schluss, dass die Angeklagten aus „geordneten" Familienverhältnissen stammten (vgl. Gaßebner u. a. 2001: 107). In Auswertung der Urteile kristallisierte sich ein grundsätzlicher Entwicklungspfad heraus, der bei verbaler und körperlicher Aggressivität begann, über provokative Selbstdarstellungen, antisoziales Verhalten, Devianz und Fremdenfeindlichkeit, die in einer allgemeine Misanthropie wurzelte, zur Ausbildung einer rechtsextremen Ideologie führte (vgl. ebd.: 144, Wahl 2001: 131, 2002: 92). Wahl schildert den Beginn der Ideologisierung wie folgt: „Anfängliche Neigungen zu Selbstbehauptung werden mit einem ethnozentrischen Mantel umgeben, Erzählungen der Großeltern aus dem 3. Reich als faszinierend erlebt, rechte Parolen werden anfangs unbegriffen nachgeplappert und bleiben historisch-politisch ohne Fundament." (Wahl 2002: 92).

Frindte u. a. führten 1999/2000 eine Vertiefungsstudie zu Wahl u. a. durch (vgl. Frindte/Wahl 2001). Sie interviewten fremdenfeindliche Gewalttäter. In Auswertung der Interviews zeigte sich, dass sich viele von ihnen bereits in ihrer Kindheit aggressiv verhielten und ca. die Hälfte der Befragten von der Schule verwiesen wurde (vgl. Frindte/Wahl 2001: 206). Ein häufig anzutreffendes biografisches Muster waren broken-home-Situationen (Trennungen der Eltern, fehlender Vater etc.), die zum Rückzug und zu schulischer Überforderung führten. Die Untersuchten schwänzten die Schule, rissen von zu Hause aus und suchten Halt in einer Clique.

Fremdenfeindliche Gewalttäter hatten oft autoritäre Väter oder wuchsen ohne leibliche Väter auf. Schwachen oder abwesenden Vätern wurde durch Identifikation mit traditionellen Vorbildern (z. B. archaischer Männlichkeit), starken Vätern mit Lernen am Modell begegnet (vgl. ebd.: 204 ff.). Jeder dritte Täter hatte eine mehr oder weniger lange Zeit im Heim verbracht (vgl. ebd.: 222). Frühzeitig, meist um das Alter von zwölf Jahren, begannen viele der Interviewten, Alkohol zu konsumieren. Das Familienklima empfanden die fremdenfeindlichen Gewalttäter im Vergleich zu Befragten einer Kontrollgruppe als kälter. Vor allem das negative Verhältnis zu den Vätern, die oftmals ihre Söhne entweder nicht bzw. zu wenig beachteten oder keine Autorität besaßen, sowie ihr häufig ambivalenter Erziehungsstil schienen eine entscheidende Rolle für die Entwicklung gespielt zu haben (vgl. ebd.: 223). Fast die Hälfte der Untersuchten hatte einen Sonder- oder Hauptschulabschluss, ein Drittel hatte gar keinen Schulabschluss (vgl. ebd.: 259).

Krüger untersuchte Biografien (n=28) jugendlicher rechtsextremer und allgemeiner Gewalttäter, deren Taten als rechts motiviert eingestuft wurden, sowie deren subjektiven Sinn- und Handlungsstrukturen (vgl. Krüger 2008). Sie führte Leitfadeninterviews durch und fand nach deren Auswertung ihre Ausgangsthese, rechtsextremistische Gewalttäter unterscheiden sich in ihren Entwicklungsverläufen nicht von allgemein Kriminellen, bestätigt. Fast die Hälfte aller Befragten kam aus strukturell intakten (n=13), die andere Hälfte aus unvollständigen Familien (n=15). Auffällig ist die hohe Anzahl an gestörten familiären Binnenklimate. Etwa drei Viertel der Untersuchten beschrieben die Familienbeziehung als gestört (n=20) und nur ein Viertel als intakt (n=8). Zehn der Fälle besaßen Heimerfahrungen und elf erfuhren Gewalt von einer Erziehungsperson. Über die Hälfte der Interviewten besaß keinen Schulabschluss (n=16). Nur sechs der Gewalttäter beendeten ihre Ausbildung oder befanden sich zum Zeitpunkt der Befragung in Ausbildung. Keiner der untersuchten Jugendlichen war ausschließlich durch rechtes Gedankengut motiviert. Die Jugendlichen vertraten gerade keine politisch-ideologische Position, sondern gaben vorwiegend inhaltsleere Stereotypen wieder.

Ziel der kriminologischen Studie von Krüger war es, das Verhältnis zwischen rechtsgerichteten Einstellungen und Gewalt bei als rechtsextremistisch motiviert eingestuften jugendlichen Gewalttaten zu bestimmen.

Sie arbeitete vier Typen äußerer Entwicklungsverläufe heraus. Bei Typ 1 prägte sich das Gewalthandeln zuerst aus und später kam die rechte Gesinnung hinzu. Bei Typ 2 kehrte sich dieses Verhältnis um, d. h. zuerst war die rechte Gesinnung vorhanden und danach kam Gewalt hinzu, um die rechte Überzeugung nach außen zu demonstrieren. Typ 3 ist durch eine parallele, voneinander unabhängige Entwicklung beider Ausprägungen und Typ 4 durch eine gleichzeitige Ausbildung gekennzeichnet (vgl. ebd.: 77f.)

Da der in dieser Arbeit zu untersuchende Fall dem ersten Anschein nach unter Typ 1 einzuklassifizieren ist, beschränken sich die weiteren Ausführungen auf diesen Typ (n=12). Krüger unterscheidet zwei mögliche Konstellationen. Die erste (n=8) ist durch eine ausgeprägte Devianz und eine allgemeine kriminelle Entwicklung, vor allem im Bereich von Eigentums- und Vermögensdelikten, aber auch bei Gewalttaten gekennzeichnet. Jugendliche, die dieser Konstellation zuzurechnen waren, schlossen sich Gleichaltrigen oder Älteren an, die auch deviant waren und begingen mit ihnen gemeinsam abweichende und kriminelle Handlungen. Gewalt betrachteten sie als Freizeitspaß, Selbstzweck oder Mittel zum Abbau von Frust und Aggression. Irgendwann trafen diese Jugendlichen durch Zufall auf Gleichgesinnte, die eine rechte Gesinnung aufwiesen und deren rechte Einstellung sie unreflektiert übernahmen, ohne ihr subjektiv Bedeutung beizumessen. Auffällig an diesen Jugendlichen war, dass alle die Beziehung in ihrer Herkunftsfamilie als emotional gestört erlebten und nur einer einen Schulabschluss besaß. Der Erziehungsstil der Erziehungspersonen wurde als inkonsequent und locker, als sehr streng oder als widersprüchlich beschrieben. Alle wiesen bereits in der Schule soziale Auffälligkeiten auf (z. B. Disziplinverstöße, Brüche, Desinteresse), die sich im Freizeitbereich fortsetzten. Sie orientierten sich an devianten Freunden, die ihre Abweichung und Gewaltbereitschaft ebenso verstärkten, wie positive Erfahrung mit Gewalt (z. B. Anerkennung in der peer-group, Durchsetzung von Eigeninteressen, Aggressionsabbau). Entscheidend für die Ausbildung einer oberflächlichen rechten Gesinnung war die peer-group. Rechte Gewalt wurde oft unter Einfluss von Alkohol aus der Gruppe, deren Angehörige sich als Außenseiter sahen und auffallen und provozieren wollten, heraus begangen. Die Opferauswahl gestaltete sich im Unterschied zu Konstellation 2 spontan und situativ. (vgl. ebd.: 87ff.)

Die rechtsextremen Jugendlichen, die unter Konstellation 2 fielen (n=4), brachten mit ihrer Delinquenz weniger ihre Unangepasstheit zum Ausdruck, als die Erreichung bestimmter Ziele. Auch sie waren über Freunde mit der rechten Gesinnung in Berührung gekommen, hatten sich aber im Vergleich zu den Befragten der Konstellation 1 vertiefend mit dem rechten Gedankengut auseinandergesetzt und sich hineingesteigert, was die Handlungsbereitschaft zur Anwendung von Gewalt verstärkte und in eine bestimmte Richtung lenkte. Folglich wurden die Opfer nicht beliebig ausgewählt, sondern unter dem Kriterium der Feindschaft. Die Taten wurden unter Rückgriff auf die rechte Ideologie legitimiert. Die Befragten dieser Konstellation kamen aus äußerlich vollständigen Familien, wobei lediglich einer die Familienbeziehung als intakt bewertete und alle anderen als emotional gestört. Der elterliche Erziehungsstil wurde auch durch diese Jugendlichen als streng, inkonsequent, was als Desinteresse interpretiert wurde, oder widersprüchlich beschrieben. Drei von vier verhielten sich bereits in der Schule sozial auffällig, der Vierte erst während der Berufsausbildung. Gewalt wurde nicht als Selbstzweck angewandt, sondern hatte pragmatische Gründe (z. B. materielle Bereicherung, Freizeitbeschäftigung, Frustabbau, Erlangung von Aufmerksamkeit). Nach Auseinandersetzung mit der rechten Ideologie wurden die Taten im Unterschied zur Konstellation 1 bewusst mit der Gesinnung in Verbindung gebracht. Bei genauerer Betrachtung zeigte sich jedoch, dass die rechte Gesinnung *nicht* die Motivation für das Gewalthandeln darstellte, sondern lediglich die Opferauswahl motivierte. (vgl. ebd.: 113ff.)

Lützinger führte mit 39 sozialrevolutionären, ethnisch-nationalistischen und islamistischen Extremisten und Terroristen narrative Interviews durch (vgl. Lützinger 2010). Bedeutsame Unterschiede hinsichtlich psychosozialer Dynamiken in den biografischen Verläufen fand sie außer der Ideologie nicht.

Die Mehrzahl der Extremisten und Terroristen entstammte dem Arbeitermilieu. Fast die Hälfte der Untersuchten hatte mindestens drei Geschwister. Nur vier Personen wuchsen als Einzelkinder auf. Das binnenfamiliäre Klima kann als problembehaftet und kommunikativ oberflächlich beschrieben werden. Bereits in frühem Alter waren die Untersuchten zum Teil traumatischen Krisen ausgesetzt (z. B. Wechsel von Bezugspersonen, Verlust eines Familienangehörigen), die in den Familien nicht adäquat und nicht gemeinsam bewältigt werden konnten. Stattdessen kam es zu

Verdrängungen, dem Verlassen der Familie, Vorwürfen oder Schuldzuweisungen. Während die Eltern mit sich selbst befasst waren, kämpften die Kinder um deren Aufmerksamkeit und Zuwendung. Die Familienangehörigen arbeiteten eher gegeneinander, was oft zu emotionaler Abschottung führte und die binnenfamilären Probleme noch größer werden ließ. Fast alle Befragten verließen das Elternhaus früh und verloren die Anbindung an ihre Eltern. (vgl. ebd.: 21ff.)

Die peer-group nahm einen zentralen Stellenwert bei den Untersuchten ein und wurde von ihnen häufig als Familienersatz verstanden. Es kam meist zu einem abrupten und weniger fließenden Übergang von der Bindung an die Familie zur Bindung an die Clique. Allerdings kam es oft aufgrund der in den Familien erlebten dysfunktionalen Beziehungserfahrungen zu allgemeinen Schwierigkeiten in den Sozialkontakten, was die Integration in normgerechte Gruppen erschwerte, wohin gegen in problematischen Cliquen die Mängel toleriert wurden. Die starke Verankerung in den Cliquen ließ alterstypische Bindungen zu weiblichen Jugendlichen kaum zu. Die Beziehungen in diesen Gruppen waren eher oberflächlich. Nicht selten sahen sich die Interviewten als Außenseiter und Einzelkämpfer. Später lebte die Mehrzahl der Untersuchten in zumeist festen Partnerschaften. Ca. die Hälfte von ihnen hatte eigene Kinder. (vgl. ebd.: 26ff., 36ff.)

Die Bildungsverläufe der Extremisten und Terroristen wiesen zahlreiche Brüche auf (z. B. aggressives Verhalten im Kindergarten, Klassenwiederholungen, Schulabbrüche, Schulwechsel, Ausbildungsabbrüche), die ihre Ursachen überwiegend in sozialen Konflikten hatten. Nur ein Drittel der Befragten verfügte über eine abgeschlossene Berufsausbildung. Die Mehrheit arbeitete als Hilfsarbeiter, in losen Arbeitsverhältnissen oder „schwarz". (vgl. ebd.: 28ff.)

In vielen Lebensläufen zeigten sich frühzeitige Gewalterfahrungen, v. a. im Elternhaus (Ehepartner untereinander und/oder im Eltern-Kinder-Verhältnis), und die Konfrontation mit übermäßigem Alkoholkonsum (passiv oder aktiv). Viele der Untersuchten fielen wegen Delikten allgemeiner Kriminalität auf, vor allem wegen spontan verursachter Taten, die nicht selten auch schon vor dem Einstieg in die Szene geschahen. Die Straftaten, die einen politischen Bezug aufwiesen, stellten sich oftmals bei intensiverer Betrachtung als persönlich motiviert heraus. Der Einstieg in die Szene lässt sich häufig als Versuch interpretieren, die Aufmerksamkeit des Vaters zu erlangen. Meist ging dem Einstieg ein bedeutsames Ereignis mit emotional-, sozial- oder identitätsbedrohlichem Charakter voraus. Bei 90% lag das Ereignis in der mittleren Kindheit bzw. der beginnenden Adoleszenz. Beim Einstieg in die Szene überwogen soziale und identitätsstiftende Aspekte gegenüber ideologischen. Die Hälfte der Extremisten und Terroristen war nach Einbindung in die Szene zumindest temporäres Mitglied einer Partei oder politischen Organisation. (vgl. ebd.: 41ff.)

Eine gesonderte Auswertung der rechtsmotivierten Straftäter (n=21) offenbarte, dass die Untersuchten oft schon zu Beginn der Schulzeit als Außenseiter oder Einzelgänger galten und dass sie trotz teilweise desolater Familienverhältnisse, auch nach dem Auszug mit den Eltern in Kontakt blieben. Im Ergebnis zeigte sich, „dass ‚rechtsmotivierte' Straftäter in hohem Maß ähnliche Auffälligkeiten im Sozialverhalten aufweisen wie diejenigen, die in der kriminologischen Forschung auch für ‚allgemeine' Straftäter herausgearbeitet wurden" (Kraus/Mathes 2010: 91) und dass sich die Vermutung von Frindte u. a., dass fremdenfeindliche Gewalt zuerst Gewalt und erst dann Fremdenfeindlichkeit ist, in den Daten bestätigte (vgl. ebd.: 92).

3.2 Zusammenfassung

In Auswertung des Forschungsstandes zu Individuierungsverläufen von Rechtsextremisten lässt sich konstatieren, dass die Entwicklungsverläufe von Terroristen und Extremisten Ähnlichkeiten mit denen von allgemein Kriminellen aufweisen und sehr heterogen verlaufen. Insofern ist es wenig überraschend, dass viele von ihnen zunächst mit unpolitischen Straftaten auffallen. Die Lebensgeschichten lassen einen erheblichen Entwicklungsstress in Kindheit und Jugend erkennen. Vor allem gestörte binnenfamiliäre Klimate und weniger äußerliche Strukturbrüche in den Familien scheinen die Entwicklung stark zu beeinflussen. Terroristen und Extremisten sehen häufig die peer-group als Familienersatz. Ihre Lebensläufe sind größtenteils durch schulische und berufliche Konflikte und Brüche gekennzeichnet. Ein problemloser Übergang von Schule/Ausbildung in das Erwerbsleben gelingt nur selten.

Ein Manko der Forschungen besteht darin, dass entweder zugunsten eines hohen Generalisierungsanspruches auf Untersuchungen der Eigenlogik von Lebensläufen verzichtet und stattdessen sozialstrukturelle Daten großer Fallzahlen ausgezählt oder sich ausschließlich auf subjektive

Deutungen von befragten Extremisten beschränkt wurde. Im ersten Fall können zwar Risiko- bzw. Schutzfaktoren für/gegen rechtsextremistisches Handeln benannt, aber nicht erklärt werden, warum sich ein Individuum für einen abweichenden Identitätsentwurf entschied, während ein anderes, das unter den gleichen soziostrukturellen und -kulturellen Bedingungen aufwuchs, eine alternative biografische Option wählte. Untersuchungen, die ausschließlich die innerpsychische Repräsentanz einzelner Subjekte in den Fokus der Forschung stellen, vernachlässigen den sozialstrukturellen und historisch konkreten Kontext der Subjektwerdung und dringen nicht zu den tiefer liegenden, handlungsleitenden latenten Sinnstrukturen vor. Die unzureichende Verknüpfung beider Strukturebenen macht es schwierig, die Forschungsergebnisse in das Modell vom Lebenslauf als Prozess der permanenten Krisenbewältigung zu integrieren.

Vor dem Hintergrund des hier vorgeschlagenen soziologischen Individuierungskonzepts bedarf es zur Untersuchung von Individuierungsverläufen Einzelfallanalysen, in denen die objektive Strukturebene mit der subjektiven Ebene verknüpft wird. Die gesellschaftliche und historische Einbettung der Sozialisationsinstanzen, insbesondere der Familie, eröffnet und beschränkt die Möglichkeiten der Subjektwerdung, ohne sie zu determinieren. Spätestens, wenn das Kind ab einem Alter von ca. acht Jahren über eigene Kompetenzen der Sinninterpretation verfügt, kann es durch rekonstruierendes Aufarbeiten der frühen Kindheit und durch hypothetisches Entwerfen möglicher Handlungsalternativen, seinen bisherigen Möglichkeitsraum überschreiten und seine Identität selbständig ausbilden. Biografische Entscheidungen stellen immer eine Emergenz aus subjektiven und gesellschaftlich-historischen Faktoren dar, die es zu erschließen gilt.

Im empirischen Teil der Arbeit wird an Hand der objektiven Lebensdaten des NSU-Kernmitglieds Uwe Böhnhardt der Individuierungsverlauf eines rechtsextremistischen Gewalttäters auf Grundlage des hier vorgestellten Individuierungskonzepts rekonstruiert, um die Frage nach seinem historischen Gewordensein zu beantworten. Untersuchungsziel ist einerseits, einen Beitrag zur Überprüfung oder Fortentwicklung der wissenschaftlichen Theorie zur Subjektwerdung von Rechtsextremisten zu leisten, und andererseits, zur Erklärung der Entstehung und Radikalisierung des NSU beizutragen.

II Empirischer Teil

1 Forschungspraktisches Vorgehen

1.1 Methoden- und Fallauswahl

Aufgrund des hier gewählten Individuierungskonzepts ist die Forschungsmethode in gewisser Weise bereits vorbestimmt. Eine Trennung zwischen objektiven Bedeutungen und ihrer subjektiven Repräsentanz und einen Zugang über die objektive Bedeutungsebene leistet aus dem Methodenarsenal der empirischen Sozialforschung nur die objektive Hermeneutik. Mit ihr lassen sich Subjektbildungsprozesse jenseits subjektiver Wahrnehmungen und Interpretationen erforschen, was mit alternativen Methoden der biografischen Forschung, wie beispielsweise dem Narrativen Interview oder der Grounded Theory nicht möglich wäre. Zudem würde zumindest das Narrative Interview Befragungsdaten voraussetzen, die wegen des Todes von Uwe Böhnhardt nicht erhoben werden können.

Da die hier vorliegende Publikation auf einer Masterarbeit beruht, für die es hinsichtlich des Textumfangs formale Vorgaben gibt, kann nur der Individuierungsverlauf eines der NSU-Mitglieder untersucht werden. Die Fallauswahl kann über das Kriterium des maximalen Kontrasts, einer maximalen Annäherung an einen Idealtyp oder des besonders Typischen erfolgen. Bezugspunkt ist zunächst der Forschungsstand, da es noch keine empirischen Untersuchungen zu den Individuierungsgeschichten der NSU-Mitglieder gibt. Von den zur Auswahl stehenden drei Fällen – bisher wird seitens der Sicherheitsbehörden von drei NSU-Mitgliedern ausgegangen – stellt der Lebensverlauf von Beate Zschäpe einen besonders typischen Fall dar.[17] Er bietet kaum Chancen bestehende Theorien zu

---

17 Die Kindheit und Jugend von Beate Zschäpe ist offenkundig durch eine tief gestörte familiäre Beziehung und defizitäre Sozialisationsbedingungen gekennzeichnet. Zschäpe ist ein ungewünschtes und unerwartetes Kind. Ihre Mutter erfährt erst unmittelbar vor der Geburt von ihrer Schwangerschaft. Sie verlässt ihre Tochter zwei Wochen nach deren Geburt und beendet ihr Studium in Bukarest, bevor sie etwa eineinhalb Jahre später wieder nach Hause zurückkehrt. Beate Zschäpe bleibt während dessen zunächst bei ihrer Großmutter. Mit zwölf Wochen kommt sie in die Kindergrippe und mit neun Monaten kümmert sich der neue Freund der Mutter um sie. Zu ihrem leiblichen Vater,

falsifizieren, weshalb er wenig geeignet erscheint. Die Lebensgeschichte von Uwe Mundlos stellt in Bezug auf den Forschungsstand auf den ersten Blick einen kontrastierenden Fall dar und wäre daher für eine Fallanalyse gut geeignet.[18] Gegen seine Fallauswahl spricht die lückenhafte Datenlage zum Zeitpunkt der Datenerhebung. Zu Uwe Böhnhardt liegen aussagekräftigere Daten sowohl in quantitativer als auch qualitativer Hinsicht vor, was letztlich die Fallauswahl bestimmte. Im Sinne einer maximalen Fallkontrastierung ist dieser Fall zwar nicht in dem Maße geeignet, wie der von Uwe Mundlos. Dennoch bietet er Möglichkeiten zur Falsifikation vorhandener Theoriebestandteile. Zudem besteht das Untersuchungsziel neben der Überprüfung wissenschaftlicher Theorien, in einem Beitrag zur Erklärung des Entstehungsprozesses des NSU.

Da Forschungsmethoden auf spezifischen Sozialtheorien basieren, werden vor der Beschreibung des methodischen Vorgehens zunächst die wichtigsten methodologischen Grundannahmen der objektiven Hermeneutik dargelegt.

1.2 Methodologische Grundlagen

Das forschungstheoretische Fundament der Arbeit bilden Methodologie und Methode der objektiven Hermeneutik, auf deren ausführliche Darstellung hier verzichtet und stattdessen nur auf Kernelemente, die für das Verständnis der Arbeit Relevanz besitzen, eingegangen wird. Tiefergehende theoretische Ausführungen sind den einschlägigen Publikationen zu entnehmen.[19]

Die objektive Hermeneutik basiert im Wesentlichen auf den drei Grundannahmen der Sinnstrukturiertheit der Welt sowie der Regelgeleitetheit und Sequenzialität sozialen Handelns. Handlungseinheiten, wie beispielsweise

---

einem rumänischen Kommilitonen der Mutter, hat sie keinen Kontakt. Nach ihrer Rückkehr hat die Mutter wechselnde Partnerschaften. (vgl. Fuchs/Goetz 2012: 38ff.)

18 Uwe Mundlos wächst in einer äußerlich intakten Familie auf. Er hat einen von Geburt an körperbehinderten älteren Bruder. Verhaltensauffälligkeiten und Brüche während der Schul- und Ausbildungszeit sind nicht bekannt. (vgl. Fuchs/Goetz 2012: 47ff.)

19 Vgl. u. a. Wernet 2000, Oevermann 1993, 2000, 2001a, auf denen die Ausführungen in diesem Kapitel weitestgehend beruhen.

Organisationen, Familien oder Personen, erschließen sich die Welt vermittelt über Sinn. Sie handeln auf der Basis von Bedeutungen. Diese Bedeutungen konstituieren sich nicht im menschlichen Bewusstsein, sondern emergieren aus sozialer Interaktion, womit sie unabhängig von geistigen Prozessen existieren. Erst wenn die Handlungszentren ihrem Handeln Bedeutung verleihen und sich den objektiven Sinn subjektiv verfügbar machen, indem sie aus dem Repertoire objektiver Bedeutungsmöglichkeiten eine Alternative mit Anspruch auf Geltung und Begründbarkeit auswählen, konstituiert sich subjektiver Sinn. Der ist im Vergleich zum objektiven Sinn immer defizitär, weil die nicht gewählten Optionen verloren gehen.

Während sich Tiere instinktgeleitet verhalten, wird das soziale Handeln der Menschen durch Regeln gelenkt. Regeln erzeugen objektive Bedeutungsstrukturen, die angeben, was es heißt, etwas zu tun. Sie produzieren pragmatisch zulässige Handlungsanschlüsse, womit sie den Handlungsraum eröffnen und zugleich beschließen. Die Handlungspraxis muss eine der Handlungsalternativen wählen. Sie kann sich nicht nicht entscheiden, weil auch das Nichtentscheiden eine zurechenbare Entscheidung darstellt. Bewährt sich die gewählte Handlungsoption, geht sie in eine Routine über und wird in ähnlichen Situationen wieder gewählt, so dass sich ein spezifisches Selektionsmuster ausbildet (Fallstruktur), dass sich erst dann transformiert, wenn die Routine versagt.

Es gibt unhintergehbare, universell geltende Regeln, die durch den Menschen nicht veränderbar sind. Dazu gehören beispielsweise die Logik, die Moral, die Universalgrammatik oder die Sprachpragmatik. Selbst wer scheinbar entgegen dieser Regeln handelt, orientiert sich an ihnen. Würden sich die universellen Regeln im Naturprozess transformieren, könnte man nicht mehr von der Gattung Mensch sprechen. Vielmehr hätte sich eine neue Art herausgebildet. Neben den universellen Regeln gibt es historisch konkrete Regeln, deren Reichweite geringer ist und die durch menschliches Handeln transformierbar sind. Dazu zählen beispielsweise soziokulturelle Deutungsmuster oder Organisationskulturen. Regelbewusstsein erwirbt eine Handlungspraxis innerhalb ihres Bildungsprozesses.

Die Fallstruktur bildet sich in Folge aufeinander aufbauender Handlungswahlen heraus, womit die Sequenzialität sozialen Handelns angesprochen ist. Für menschliche Handlungszentren bedeutet dies, dass mit jeder biografischen Entscheidung Wirklichkeit vollzogen und potentiell bestehende alternative Handlungsmöglichkeiten ausgeschieden werden. Die realisierte Wahl eröffnet neue Handlungsanschlüsse, die bei einer anderen Wahl nicht bestanden hätten und beschließt zugleich Optionen, die alternativ möglich gewesen wären. Der Handlungsspielraum verkleinert sich durch die bis dahin ausgeschlossenen Optionen mit fortschreitendem Alter immer weiter und die realisierten Handlungsoptionen verdichten sich zu spezifischen Fallstrukturen. (vgl. Oevermann 2009: 44) Nach und nach entsteht eine biografische Ablaufstruktur, „die zwar prinzipiell offen, aber nicht mehr beliebig veränderbar ist" (Wohlraab-Sahr 1995: 18). Die objektive Hermeneutik trägt dem sequentiellen Ablauf sozialen Handelns Rechnung, indem sie die Sequenzanalyse in den Mittelpunkt ihrer Methodik stellt.

1.3 Methodisches Vorgehen

Vor der Rekonstruktion der Bildungsgeschichte gilt es, den Fall zu bestimmen und die verwendeten Daten zu reflektieren. Die Fallbestimmung hat zum Ziel, den Gegenstand der Untersuchung zu charakterisieren, ihn in einen theoretischen Kontext einzuordnen, seine Bedeutung für die Theorie herauszustellen sowie das Erkenntnisinteresse in Form einer Frage zu formulieren. Die Dateneinbettung gibt Aufschluss über den Protokollstatus der verwendeten Daten. Im Anschluss gilt es, die zur Beantwortung der Forschungsfrage notwendigen Daten zu erheben.

Die Erforschung eines Individuierungsverlaufs in seiner Totalität umfasst einerseits die zeitlich aufsteigende Rekonstruktion des Lebenslaufs ausgehend von einer biologisch und soziokulturell gegebenen Ausgangskonstellation, die einen festgelegten Handlungsspielraum vorgibt (Lebenslaufanalyse), und andererseits die Untersuchung der biografischen Konstruktion des Subjekts rückwirkend aus der Gegenwart (Biografieanalyse). Die Ergänzung der lebenslaufanalytischen Perspektive um die biografische Dimension trägt dem Umstand Rechnung, dass die lebensgeschichtlichen Ereignisse nicht per se Auslöser für Entscheidungen sind, sondern subjektive Deutungen des Biografen ebenso eine Rolle spielen. Wird die objektive Identität mit ihrer subjektiv-intentionalen Verfügbarkeit konfrontiert, kann die Frage nach dem Wie und Warum biografischer Entscheidungen beantwortet werden.

Da Uwe Böhnhardt tot ist, kann er die subjektive Deutung seiner Lebensgeschichte nicht mehr erzählen. Die Untersuchung seiner Subjektwerdung muss deshalb auf die Analyse seiner objektiven Lebensdaten beschränkt bleiben. Im Mittelpunkt steht folglich das Wie und nicht das Warum seiner Entscheidungen. Es gibt Forschungspraktiker, die darin kein methodisches Problem sehen. Garz spricht sich sogar dafür aus, dieses Vorgehen als eigenständigen Forschungsweg zu betrachten, weil die objektiven Daten im Vergleich zu den erzählten Geschichten das gesamte Leben und nicht nur bestimmte Ausschnitte widerspiegeln. Zudem sind sie abgesichert und unterliegen keinen Erinnerungs- und Gedächtnisfehlern. (vgl. Garz 2007).

Objektive Lebensdaten sind „die kaum an die Interpretation der Biographen gebundenen Daten (z. B. familiengeschichtliche Daten wie Alter, Beruf und Staatszugehörigkeit der Eltern, (…) Anzahl der Geschwister, Ausbildungsdaten, Familiengründung, Krankheitsereignisse etc.) in der zeitlichen Abfolge der Ereignisse im Lebenslauf " (Radenbach/Rosenthal 2012: 3). Es sind Daten, in denen „Dispositionsgefüge, in Form eines Optionen ausschließenden Vollzugs gegenständlich bzw. objektiv geworden sind" (Zizek 2012: 49) und die eine Relevanz für das Leben im Sinne einer Weichenstellung besitzen.[20]

Neben den lebensgeschichtlichen Daten zum Fall gilt es auch relevante familiäre, historische und soziopolitische/-kulturelle Daten zu erheben, die etwas über die Kontextbedingungen, in die biografische Entscheidungen eingebettet sind, aussagen (vgl. ebd.). Forschungspraktisch hat sich die familiäre Kontextualisierung über drei Generationen bewährt.[21] Auch der Entwicklungsstand, d. h. in welchem Alter eine Lebenspraxis mit bestimmten lebensgeschichtlichen Ereignissen konfrontiert wird, findet bei der Interpretation Berücksichtigung.

Nach Sichtung von Quellen zur Lebensgeschichte von Uwe Böhnhardt werden die objektiven Lebens- und Kontextdaten herausgefiltert, chronologisiert und auf ihre logischen Kohärenz überprüft. Die Rekonstruktion des Individuierungsverlaufs erfolgt anschließend an Hand der fünf

---

20 „Weichenstellungen sind hervorgehobene, durch besondere Relevanz und in der Regel Nachhaltigkeit gekennzeichnete Knotenpunkte; hier werden die ‚big points des Lebens' gemacht oder auch verfehlt." (Garz 2007: 210)
21 Die Einbeziehung der Großeltern in die Analyse ist die methodische Folge dessen, dass Ablösungsproblematiken der Eltern relevant sind, weil nur autonome Eltern die Welt für ihre Kinder angemessen stellvertretend deuten können. (vgl. Wagner 2004b: 33)

Prinzipien Kontextfreiheit, Wörtlichkeit, Sequenzialität, Extensivität und Sparsamkeit (vgl. hierzu Wernet 2000: 21ff.). Forschungspraktisch gibt es zwei Wege. Die Rekonstruktion kann beim Fall selbst, d. h. beim Geburtsdatum, oder bei den Kontextbedingungen, in die der Fall hineingeboren wird, beginnen. Aus Darstellungsgründen wird sich hier für die zweite Alternative entschieden. Würde mit dem Fall selbst begonnen werden, was aus Gründen der Forderung nach einer kontextfreien Interpretation der methodisch richtige Weg wäre, müsste die Offenlegung der Kontextbedingungen innerhalb der Analyse erfolgen, was eine Unterbrechung des Gedanken- und Lesflusses bedeuten würde. Der hier eingeschlagene Weg der vorab rekonstruierten Kontextbedingungen darf nicht derart missverstanden werden, dass das Ergebnis der Interpretation determinierend auf die eigentliche Fallrekonstruktion wirkt. Auf die rekonstruierten Kontextbedingungen wird erst dann zurückgegriffen, wenn es die Lebenslaufanalyse erfordert. Bis zu diesem Zeitpunkt wird der Kontext im Sinne der Herstellung einer künstlichen Naivität ausgeblendet.

In einem ersten Schritt werden also die Startbedingungen (Herkunftsmilieu, Herkunftsfamilie, Generation) rekonstruiert, in einem zweiten Schritt die biografischen Entscheidungen vor dem Hintergrund dieser Bedingungen. Dabei wird expliziert, was die jeweilige Entscheidung für das Leben bedeutet, welche alternativen, objektiv möglichen, nicht realisierten Optionen bestanden, was die Entscheidung gegen diese Alternativen und für die realisierte Option über den Fall aussagt und welche Motivation der Entscheidung zu Grunde gelegen haben könnte. Es wird hypothetisch entworfen, wie sich der Lebensverlauf infolge der mit der Entscheidung geschlossenen und eröffneten Anschlussmöglichkeiten weiter entwickeln könnte, um diesen Entwurf schlussendlich mit dem tatsächlichen Verlauf zu konfrontieren.

Eine Besonderheit der Untersuchung liegt in der Verwendung nicht anonymisierter Falldaten, weshalb forschungsethischen Aspekten ein eigenes Unterkapitel gewidmet wird.

1.4 Forschungsethische Reflexion

Der Ethik-Kodex der Deutschen Gesellschaft für Soziologie (DGS) und des Berufsverbands Deutscher Soziologinnen und Soziologen (BDS) sowie datenschutzrechtliche Bestimmungen werfen forschungsethische Probleme auf, die einer tiefgründigen Abwägung zwischen dem zu erwartenden Erkenntnisgewinn und den sich daraus ergebenden möglichen Konsequenzen für den Untersuchten, Angehörige und das Umfeld des Untersuchten bedürfen. Drei ethische Aspekte erscheinen in dieser Arbeit auf den ersten Blick problematisch: die fehlende Anonymität, die fehlende informierte Einwilligung und mögliche Missbrauchsrisiken der Untersuchung.

Anders als wissenschaftlich üblich, wird in dieser Untersuchung nicht mit anonymisierten Daten gearbeitet, weil es keine den wissenschaftlichen Standards genügende Alternative gibt. Selbst wenn die Daten maskiert werden würden, wäre für einen das Zeitgeschehen verfolgenden Leser rekonstruierbar, um welche Person es sich handelt. Der Kern des NSU bestand nach derzeitigen Erkenntnissen aus nur drei Mitgliedern, so dass die mit einer Maskierung in Kauf genommenen Gestaltverluste unnötig wären, weil für den informierten Rezipienten ohnehin erkennbar wäre, um wen es sich handelt. Auch das Verschweigen des Namens der Gruppierung würde zu keiner Verbesserung der forschungsethischen Problematik führen, da der untersuchte Lebenslauf nicht bis zur Unkenntlichkeit verändert werden kann, was jedoch notwendig wäre, um die Identität der Gruppe und des Falls zu verschleiern. Einzige Alternative zur Wahrung der Anonymität wäre der Verzicht auf eine wissenschaftlich fundierte Untersuchung, was einer Kapitulation vor der ureigensten Aufgaben der empirischen Sozialforschung, der Reflexion sozialer Praxis, gleich käme und zudem eine wissenschaftliche Aufarbeitung des Phänomens NSU verhindern würde. Es ist ethisch vertretbar, bei der Erforschung von Ereignissen der Zeitgeschichte, worunter die Taten des NSU zu subsumieren sind, Persönlichkeitsrechte – die teilweise auch noch für tote Personen gelten – einzuschränken. Ein Verstoß gegen datenschutzrechtliche Bestimmungen liegt mit dieser Arbeit nicht vor, weil auf publizierte lebensgeschichtliche Daten zurückgegriffen wird und unveröffentlichte Daten maskiert werden.

Da Uwe Böhnhardt tot ist, kann auch die Forderung nach informierter Einwilligung, die die Aufklärung der untersuchten Person über Forschungsziel und -vorgehen beinhaltet und dem Zweck dient, dem Untersuchten das Recht auf freie Entscheidung an der Beteiligung des Forschungsvorhabens einzuräumen, als gegenstandslos betrachtet werden. Zudem wäre eine direkte Beteiligung des Untersuchten hier nicht erforderlich.

Der dritte problematische Aspekt stellt das Missbrauchsrisiko dar. Die zu erwartenden Forschungsergebnisse könnten ideologisch missbraucht werden. Es könnte zu Schuldzuweisungen an das Umfeld des Untersuchten mit der daraus resultierenden Gefahr traumatischer Krisenerfahrungen kommen. Dem Versuch eines Vorwurfs an einzelne Personen kann damit begegnet werden, zu verdeutlichen, dass die Morde Resultat zahlreicher Strukturverstrickungen sind und dass Uwe Böhnhardt in begrenztem Maße immer auch die Chance besaß, seine Fallstruktur zu transformieren. Das Gewordensein eines Subjekts lässt sich niemals auf den Einfluss einer einzelnen Lebenspraxis reduzieren, sondern stellt ein Zusammenspiel von historisch konkreten Regeln, mehreren Fallstrukturen von unterschiedlicher Reichweite (z. B. Familie, Schule, Generation, Milieu) und dem autonomen Subjekt selbst dar.

2 Fallbestimmung

Der zu untersuchende Fall ist ein Subjekt. Im theoretischen Teil wurde bereits ausführlich darauf eingegangen, welche epistemischen Strukturen ein Subjekt im Allgemeinen kennzeichnen. In diesem Abschnitt wird erörtert, welches Erkenntnisinteresse an Uwe Böhnhardt im Konkreten besteht. Auf der Folie der in Kapitel vier befindlichen Falldarstellung könnte die Bildungsgeschichte eines Kriminellen, eines Subjekts, dass den Verlust eines Familienmitglieds bewältigen muss, die Auswirkungen des gesellschaftlichen Transformationsprozesses Ostdeutschlands auf die individuelle Lebensgeschichte u. a. untersucht werden. Hier gilt das Interesse der Bildungsgeschichte Böhnhardts zum rechtsextremistischen Gewalttäter.

Rechtsextremisten wurden eingangs der Arbeit definiert als Personen, in deren Handeln sich nationalistische, ethnozentristische, antisemitische und pronazistische, den Nationalsozialismus verherrlichende oder verharmlosende Strukturen reproduzierend manifestieren. In der Lebensgeschichte von Uwe Böhnhardt finden sich zahlreiche Belege dafür, dass er unter diese Definition zu subsumieren ist. Er verherrlicht den Nationalsozialismus, indem er dessen Symbole öffentlich verwendet. Beispielsweise zeigt er den Hitler- bzw. Kühnengruß (vgl. Deutscher Bundestag 2013: 78), trägt eine Gürtelschnalle mit der Aufschrift „Blut und Ehre" und einem eingeritzten Hakenkreuz (vgl. ebd.: 79) oder besucht die Mahn- und Gedenkstätte Buchenwald in SA-Uniform (vgl. ebd.: 81). Antisemitisch handelte Uwe

Böhnhardt, als er einen Puppentorso mit einem Judenstern und einer Bombenattrappe versah und ihn an einer Autobahnbrücke aufhängte (vgl. ebd.: 79).[22] Als Mitglied des NSU steht er im Verdacht, türkische und griechische Staatsangehörige bzw. deutsche Staatsbürger türkischer Abstammung und eine Polizeibeamtin gezielt getötet zu haben, worin sich nationalistische und ethnozentristische Strukturmuster zeigen.

Die forschungsleitende Frage der Untersuchung lautet: Wie wurde aus Uwe Böhnhardt ein rechtsextremistischer Gewalttäter? Das Untersuchungsergebnis soll zeigen, ob sein Bildungsverlauf an den bisherigen Forschungsstand anknüpft oder ob sich neue Dimensionen rechtsextremistischer Individuierungsverläufe ergeben. Zugleich leistet die Untersuchung einen Beitrag zur Aufklärung der Entstehungsbedingungen des NSU.

3 Dateneinbettung

Dieses Kapitel gibt Aufschluss über das verwendete Datenmaterial und dessen Protokollstatus. Es wird herausgestellt, in welchem Kontext das untersuchte Protokoll entstand (pragmatische Rahmung) und ob es tatsächlich den Individuierungsverlauf von Uwe Böhnhardt dokumentiert (Wirklichkeitsstatus).

Um an die objektiven Lebensdaten des Untersuchten zu gelangen, wurden zunächst publizierte lebensgeschichtliche Ereignisse zusammengetragen, in einer Falldarstellung zusammengefasst und auf ihre innere Kohärenz geprüft. Widersprüchliche Angaben wurden als solche gekennzeichnet oder unter Einbezug weiterer Quellen ausgeräumt. Anschließend wurde der Realitätsgehalt der Daten unter Einbeziehung historischer Dokumente, wie z. B. der Thüringer Schulordnung oder des Wehrpflichtgesetzes, überprüft und gegebenenfalls präzisiert. Der Versuch, fehlende Daten, insbesondere die Geburtsdaten der Großeltern, beim Stadtarchiv zu erheben, scheiterte aufgrund datenschutzrechtlicher Bestimmungen.[23] Die objektiven Daten, für die eine weichenstellende Funktion zu vermuten war,

---

22 Diese Tat konnte ihm juristisch jedoch nicht nachgewiesen werden. Der Verdacht stützt sich auf eine gefundene daktyloskopische Spur.
23 Auf eine Anfrage beim Stadtarchiv Jena am 18.02.2013 wurde mitgeteilt, dass nur Daten von Personen, die vor 1902 geboren wurden, freigegeben sind.

wurden anschließend extrahiert und chronologisch geordnet. Das daraus resultierende Protokoll bildet die Analysegrundlage.

Protokolle sind vergegenständlichte Texte. Unter einem Text wird in der objektiven Hermeneutik ein Träger von Sinnstrukturen gefasst. Das kann z. B. ein Gespräch, eine Architektur oder eine kriminalistische Spur am Tatort einer Straftat sein. Um die Sinnstrukturen einer wissenschaftlichen Analyse zuführen zu können, müssen sie protokolliert vorliegen (z. B. schriftliche Beschreibung, Gesprächstranskript, Foto). Bezogen auf diese Untersuchung bedeutet das, die lebensgeschichtlichen Entscheidungen von Uwe Böhnhardt, die unwiederbringlich der Vergangenheit angehören, können nur deshalb rekonstruiert werden, weil sie dokumentiert oder erinnert wurden. Biografische Entscheidungen, für die das nicht zutrifft, können in die Interpretation nicht einbezogen werden.

Quellen für die Falldarstellung bilden primär Protokolle der Aussagen der Eltern von Uwe Böhnhardt im „NSU-Prozess" in München, der vorläufige Abschlussbericht des NSU-Ausschusses im Bundestag und das sogenannte Schäfer-Gutachten, dem Gutachten einer unabhängigen Kommission, die die Tätigkeit der Thüringer Behörden im Zusammenhang mit dem NSU bewertete. Vereinzelt wurde auch auf journalistische Recherchen zurückgegriffen.

Das Protokoll der objektiven Lebensdaten stellt ein Konglomerat aus den Fallstrukturen der Befragungssituation der Eltern, der Eltern selbst, der polizeilichen und gerichtlichen Aktenführung, des Protokollanten im Gerichtssaal und nicht zu letzt der Forscherin selbst dar. Die Vielzahl von einfließenden Fallstrukturen stellt hier aber keinen Nachteil dar, sondern objektiviert die Daten, die umso authentischer zu bewerten sind, je häufiger sie von unterschiedlichen Praxen geäußert werden. Trotz allem ist davon auszugehen, dass bestimmte biografische Entscheidungen, die für den Fall von Bedeutung waren, nicht erfasst sind, weil sie für das Ermittlungs- und Gerichtsverfahren oder die parlamentarische Überprüfung keine Relevanz besaßen, wegen Verjährungsfristen bereits vernichtet wurden oder aus sonstigen Gründen verloren gingen. Zudem haben Aussagepersonen nicht immer ein Interesse daran, die Wahrheit ans Tageslicht zu fördern, so dass auch hier Einbußen in der Datenqualität möglich erscheinen.

Datenmaterial muss im Allgemeinen zwei Forderungen Genüge tun. Es muss einerseits ein authentisches Protokoll des untersuchten Falls und andererseits umfänglich ausreichend sein, um die Fallstruktur freigeben zu können (vgl. Oevermann 2000: 79f.). Authentisch sind die Daten, weil sie über die Bewältigung von lebensgeschichtlichen Entscheidungskrisen von Uwe Böhnhardt Auskunft geben, weil sie auf ihre logische und innere Kohärenz geprüft wurden und weil sie aus verschiedenen Quellen stammen, denen eine Korrektivfunktion zukommt. Umfänglich ausreichend sind sie, weil sie Angaben zur familiären, beruflichen und politischen Sozialisation des Untersuchten und über alle lebensgeschichtlichen Ereignisse, die im Sinne einer Normalbiografie in unserer Gesellschaft erwartbar sind, Auskunft geben. Nachfolgend wird der untersuchte Fall beschrieben, bevor die objektiven Lebensdaten herausgefiltert und der Analyse zugeführt werden.

4 Falldarstellung[24]

Uwe Böhnhardt (B.)[25] wird am 01.10.1977 in Jena geboren. Er ist das jüngste von drei Kindern. Seine beiden älteren Brüder Jan und Peter werden 1969 bzw. 1971 geboren. B. soll nach Aussagen der Mutter ein Wunschkind gewesen sein. Zugleich erwähnt sie, dass sie sich eigentlich ein Mädchen wünschte. Das Verhältnis zu den beiden Brüdern beschreibt sie als innig, insbesondere zum zweitältesten ihrer Kinder. Die Mutter Brigitte Böhnhardt, 1948 in B-Stadt geboren, erlernt den Beruf einer Lehrerin und arbeitet bis zum Renteneintritt als Grundschullehrerin im Bereich Sonderpädagogik. Der Vater Jürgen Böhnhardt, Jahrgang 1944, ist Ingenieur. Er arbeitet nach der sogenannten Wende als Abteilungsleiter in einem Jenaer Glaswerk. Zuvor war er im selben Betrieb, damals noch unter dem Namen VEB Carl-Zeiss Jena, in der Entwicklungsabteilung angestellt. Brigitte und Jürgen Böhnhardt heiraten Ende der 1960er Jahre. Ab 1974 wohnen sie in einem Plattenbau im Neubaugebiet Jena-Lobeda. Sie sind keine SED-Mitglieder. Zu den Großeltern gibt es lediglich die Informationen, dass der

---

24 Quellen für die Falldarstellung bilden Fuchs/Goetz 2012; Baumgärtner/Böttcher 2012; Deutscher Bundestag 2013: 75-119; Schäfer/Wache/Meiborg 2012: 26-54; URL: http://www.nsu-watch.info/2013/11/protokoll-57-verhandlungstag-19-november-2013 [02.01.2014]; URL: http://www.nsu-watch.info/2013/11/protokoll-58-verhandlungstag-120-november-2013 [02.01.2014].
25 Aus Gründen der Vereinfachung wird der Name Uwe Böhnhardt während der Rekonstruktion mit B. abgekürzt.

Großvater väterlicherseits im Krieg war, aber nicht darüber spricht und der Großvater mütterlicherseits nicht im Krieg eingesetzt war. Angaben zu Geschwistern der Eltern liegen nicht vor.

B. wird 1984 in die Polytechnische Oberschule (POS) eingeschult. Er besucht den Schulhort. Das Lernen fällt ihm nach Aussagen seiner Mutter von Beginn an schwer. Im September 1988 stirbt das zweitälteste Kind der Familie Böhnhardt im Alter von 17 Jahren. Die Eltern vermuten, ihr Sohn sei von einer Burgruine beim Klettern abgestürzt oder geschubst worden. Freunde sollen ihn dann vor dem Wohnhaus der Eltern abgelegt haben. Bei der Obduktion seien vielfache Knochenbrüche, eine Alkoholisierung zum Zeitpunkt des Ereignisses und Unterkühlung als Todesursache festgestellt worden. Klarheit, was wirklich passiert sei, hätten sie nicht. Der älteste Sohn wohnt zu diesem Zeitpunkt nicht mehr bei seinen Eltern. Er zog im Alter von 18 Jahren aus. (vgl. Schattauer 2012)

Ab der fünften Klasse fällt B. durch Lern- und Disziplinschwierigkeiten auf, die sich in der sechsten Klasse weiter verstärken. Er besteht die Klassenstufe nicht und muss die sechste Klasse wiederholen. Die Mutter berichtet, dass sich im Schuljahr 1990/91 Leistung und Disziplin verbessern. Im darauffolgenden Jahr wechselt B. wegen der Umstrukturierung des ostdeutschen Schulsystems die Schule und besucht die Regelschule[26]. Er soll laut Brigitte Böhnhardt den Spaß am Lernen verloren und keine Freunde in der Klasse gefunden haben. B. schließt sich älteren Schülern an, die Diebstähle begehen und die Schule schwänzen. Er bricht in seinen schulischen Leistungen wieder ein und besucht die Schule nur noch unregelmäßig. Am Ende des Schuljahres wird er nicht in die achte Klasse versetzt.

Ab Januar 1992 fällt B. wegen verschiedener Straftaten, wie z. B. Autoaufbrüchen und -diebstählen, Einbrüchen, Fahrens ohne Fahrerlaubnis oder Widerstands gegen Vollstreckungsbeamte, auf. Im März wird er erstmals durch die Polizei gestellt.[27] Bis zum Frühjahr 1993 werden ihm 15 strafbare Handlungen nachgewiesen. Die Eltern suchen nach einer neuen

---

26 Die Regelschule ist eine Schulform, in der Haupt- und Realschulabschluss erworben werden können.
27 Es besteht die Möglichkeit, dass B. bereits vor 1992 straffällig geworden ist. Da er aber erst ab einem Alter von 14 Jahren strafmündig ist, wären diese Taten nicht im Bundeszentralregister erfasst und damit nicht mehr nachweisbar.

Schule für B., um ihn aus seinem Umfeld zu lösen, damit er die siebente Klasse besteht. Sie finden keine Schule, die ihn aufnimmt und gehen daraufhin zum Jugendamt. Dort wird ihnen ein Heimplatz empfohlen bzw. B. wird ins Heim eingewiesen.[28] B. kommt im April 1992 ins Kinderheim Burgk ca. 50 Kilometer von Jena entfernt. Da er auch hier die Schule schwänzt und Diebstähle begeht, kündigt man ihm nach kurzer Zeit den Heimplatz und er kehrt zurück zu seinen Eltern.[29]

Ab Juli 1992 erpresst B. unter Androhung von Gewalt mehrfach einen Jugendlichen zu Geldzahlungen. Er besteht die siebente Klasse nicht und wechselt im September 1992 auf eine Lernförderschule. Zu Beginn des Jahres 1993 wird er nach einem Einbruch in das Computerkabinett seiner Schule von dort verwiesen. Im Februar 1993 kommt er in Untersuchungshaft. Dort liegt er mit einem Angehörigen des Thüringer Heimatschutzes (THS) in einer Zelle. Er bastelt zusammen mit Mithäftlingen eine Rohrbombe und beteiligt sich an der Misshandlung eines Mitgefangenen, weshalb er Ende März in den Erwachsenenvollzug verlegt wird. Im Mai 1993 wird B. nach seiner Verurteilung zu einer Jugendstrafe von einem Jahr und zehn Monaten Freiheitsentzug unter Aussetzung der Strafe auf Bewährung aus der Untersuchungshaft entlassen.

Da B. seine gesetzliche Schulpflicht noch nicht beendet hat, sucht die Mutter nach einer Schule für ihn. B. geht noch sechs Wochen, bis zur Beendigung des Schuljahres, in eine Schule nach Jena-Winzerla, wo er aber keine Noten mehr erhält. Nach Aussagen der Mutter besucht er die Schule nun wieder regelmäßig. Einen Tag nach der Hauptverhandlung wegen der Erpressung des Jugendlichen schlägt und tritt er Anfang August den Geschädigten der Erpressung derart, dass dieser mit einer Gehirnerschütterung ins Krankenhaus eingeliefert werden muss. Nach seiner Entlassung aus dem Krankenhaus fordert B. erneut Geld von ihm.

Im September 1993 kommt B. wegen dieser Tat ein weiteres Mal für drei Monate in Untersuchungshaft. Er wird Anfang Dezember zu einer

---

28 Brigitte Böhnhardt spricht in ihrer richterlichen Vernehmung im NSU-Prozess von einer Empfehlung. Im sogenannten Schäfer-Gutachten wird von einer Einweisung aufgrund von Erziehungsschwierigkeiten gesprochen.
29 Zur Dauer des Aufenthalts gibt es widersprüchliche Angaben. Es wird von zwei Wochen und von zwei Monaten gesprochen.

Bewährungsstrafe von zwei Jahren verurteilt und aus der Untersuchungshaft entlassen. B. sollte im September 1993 das Berufsvorbereitungsjahr beginnen. Wegen der Haft verzögert sich der Beginn. Ab dem Zeitpunkt seiner Haftentlassung bis zum Sommer 1994 absolviert er das Berufsvorbereitungsjahr, welches er mit einem befriedigenden Prädikat abschließt. Er wendet sich von seinen früheren Weggefährten ab und befreundet sich mit rechtsorientierten Jugendlichen. Etwa ab April 1994 geht er eine sozioerotische Beziehung mit Beate Zschäpe ein, die mindestens bis 1996 andauert.[30] Beate Zschäpe war zuvor die Partnerin von Uwe Mundlos, der zwischen April 1994 und April 1995 seinen Wehrdienst ableistet.

Im Anschluss an das Berufsvorbereitungsjahr absolviert B. zwischen dem 01.09.1994 und dem 27.06.1996 eine zweijährige Lehre zum Hochbaufacharbeiter (Spezialisierung Maurer) im Berufsbildungszentrum in Jena-Winzerla. Er schließt die Lehrausbildung mit dem Prädikat „gut" ab.[31]

Etwa ab Ende 1994/Anfang 1995 nimmt er regelmäßig an Treffen der rechtsextremen Gruppierungen Anti-Antifa Ostthüringen bzw. Thüringer Heimatschutz (THS) und an Veranstaltungen der rechten Szene teil. Im Mai 1995 wird er bei einer Plakatierungsaktion einer rechtsgerichteten Parole festgestellt. Im Sommer 1995 fällt er erstmals wegen des Verdachts politisch motivierter Kriminalität auf, als er zusammen mit anderen Personen während einer Kreuzverbrennung im Wald den Hitler- bzw. Kühnengruß zeigt und sich dabei fotografieren lässt. Im September 1995 wird er mit einer Gürtelschnalle, auf der sich Kennzeichen verfassungswidriger Organisationen befinden, durch die Polizei festgestellt. Bei einer anschließenden Wohnungsdurchsuchung werden Waffenteile gefunden. Bis Anfang 1998 fällt B. immer wieder in Zusammenhang mit (politisch motivierten) Straftaten, Verstößen gegen das Waffen- und Sprengstoffgesetz

---

30 Die Mutter von B. ist der Meinung, dass die Beziehung auch noch nach 1998 bestand. Der Vater von Uwe Mundlos sagt aus, dass die Beziehung vor dem Gang in die Illegalität beendet war (vgl. URL: http://www.nsu-watch.info/2013/12/protokoll-69-verhandlungstag-18-dezember-2013 [30.12.2013]).
31 Der älteste Bruder von B. spricht in seiner Vernehmung im Rahmen des NSU-Prozesses davon, dass B. die Lehre abgebrochen hat. (vgl. URL: http://www.nsu-watch.info/2014/07/protokoll-125-verhandlungstag-9-juli-2014 [24.09.2014]. Diese Information widerspricht jedoch den Daten anderer Quellen, weshalb sie nicht berücksichtigt wird.

und bei Aktionen der rechten Szene auf – zumeist zusammen mit Beate Zschäpe und/oder Uwe Mundlos sowie weiteren Akteuren aus dem Umfeld des THS und späteren NSU.[32] B. wird um 1996/97 zusammen mit Uwe Mundlos stellvertretender Leiter der Sektion Jena des THS.

Nach Beendigung seiner Lehre übernimmt ihn sein Ausbildungsbetrieb und setzt ihn im Bereich der Außensanierungen auf dem Bau ein. Ende August 1996 wird ihm wegen Arbeitsmangels gekündigt. B. meldet sich arbeitslos. Im Juni 1997 findet er eine Anstellung als Montagearbeiter in Eisenach. Während einer Krankschreibung geht ihm etwa sechs Wochen nach Aufnahme der Tätigkeit die Kündigung zu. Im Herbst 1997 gerät er in eine Drückerkolonne, aus der ihn ein Szenefreund herausholt.[33]

Im April 1997 wird B. zu einer Jugendstrafe von drei Jahren und sechs Monaten verurteilt. Er legt Berufung ein, woraufhin das Strafmaß auf zwei Jahren und drei Monate nach unten korrigiert wird. Im Dezember 1997 ist das Urteil rechtskräftig, d. h. B. muss jederzeit mit der Aufforderung zum Strafantritt rechnen. Im September 1997 mustert man ihn wegen psychischer Nichteignung aus.

Ab Oktober 1996 steht B. in Verdacht, zusammen mit anderen Mitgliedern der rechten Szene Briefbombenimitate verschickt und Bombenattrappen im Stadtgebiet von Jena deponiert zu haben. Da ihm eine Beteiligung an den Taten nicht zweifelsfrei nachgewiesen werden kann, entschließt sich die Polizei zur Durchsuchung von durch ihn genutzten Garagen. Bei der Durchsuchung findet sie Sprengstoff und andere Hinweise auf eine „Bombenwerkstatt". Noch während der polizeilichen Maßnahme am 26.01.1998 flieht B. zusammen mit Uwe Mundlos und Beate Zschäpe und lebt bis zu seinem Tod mit ihnen in konspirativen Wohnungen unter falschen Personalien. Um das Jahr 2000 gründen die drei den Nationalsozialistischen Untergrund (NSU) und ermorden mindestens zehn Menschen, führen zwei Sprengstoffanschläge durch und begehen 15 Raubüberfälle.

---

32 Eine detaillierte Auflistung der Taten befindet sich in Deutscher Bundestag 2013: 76ff. und Schäfer/Wache/Meiborg 2012: 27ff.
33 Nach Aussage der Mutter soll dies im Frühjahr gewesen sein (vgl. http://www-nsu.watch.info/2013/11/protokoll-57-verhandlungstag-19-november-2013 [02.01.2014]). Die Daten des Arbeitsamts Jena sprechen jedoch für August (vgl. Schäfer/Wache/Meiborg 2012: 27).

Bis ins Jahr 2002 hat B. sporadisch telefonischen und persönlichen Kontakt zu seinen Eltern. Dann bricht er den Kontakt ab.

Am 04.11.2011 werden Uwe Mundlos und B. nach einem Banküberfall in Eisenach durch Polizeibeamte, nicht wissend, wen sie vor sich haben, tot aufgefunden. Nach bisherigem Kenntnisstand hat Uwe Mundlos B. und anschließend sich selbst erschossen. Erst ab diesem Zeitpunkt erfahren Öffentlichkeit und Sicherheitsbehörden von der Existenz des NSU.

5 Objektive Lebensdaten

Datum (Alter)	lebensgeschichtliches Ereignis
01.10.1977	Geburt in Jena
Sept. 1984 (6)	Einschulung (POS)
Sept. 1988 (10)	Tod des Bruders
Juli 1990 (12)	Nichtversetzung in die siebente Klasse
Sept. 1991 (13)	Schulwechsel von der POS an die Regelschule (Realschule)
ab Jan. 92 (14)	Autoaufbrüche und -diebstähle, Einbrüche, Fahren ohne Fahrerlaubnis, Widerstand gegen Vollstreckungsbeamte, Schulschwänzerei
April-max. Juni 1992 (14)	Aufenthalt im Kinderheim Burgk
ab Juli 1992 (14)	fortgesetzte Erpressung eines Jugendlichen unter Androhung von Schlägen
Juli 1992 (14)	Nichtversetzung in die achte Klasse und Wechsel an eine Lernförderschule
um Jan. 1993 (15)	Schulverweis nach Schuleinbruch
05.02.-05.05.1993 (15)	Untersuchungshaft
05.05.1993 (15)	Verurteilung zu einer Bewährungsstrafe von einem Jahr und zehn Monaten
Mai 1993 (15)	Schulwechsel nach Jena-Winzerla
04.08.1993 (15)	gefährliche Körperverletzung am Geschädigten der Erpressung einen Tag nach der Hauptverhandlung

01.09.-06.12.1993 (15/16)	Untersuchungshaft
06.12.1993 (16)	Verurteilung zu einer Bewährungsstrafe von zwei Jahren
Dez. 1993-Juli 1994 (16)	Berufsvorbereitungsjahr
um April 1994 (16)	Beginn der sozio-erotischen Beziehung zu Beate Zschäpe
01.09.1994-27.06.1996 (17)	Lehrausbildung zum Hochbaufacharbeiter, Spezialisierung Maurer
ab 1994/95 (16/17)	Teilnahme an Treffen der Anti-Antifa Ostthüringen bzw. des Thüringer Heimatschutzes (THS)
ab Mai 1995 (17)	öffentlich wirksame Aktivitäten innerhalb der rechten Szene (Beteiligung an Aufmärschen, Plakataktionen etc.)
Sommer 1995 (17)	erstmaliger Verdacht einer politisch motivierten Straftat (zeigt Hitler- bzw. Kühnengruß)
13.06.1996 (18)	Verurteilung zu einer Freiheitsstrafe von zwei Jahren und drei Monaten; Berufung; Einstellung des Verfahrens im Dezember 1996 wegen Geringfügigkeit
Juli 1996-Aug. 1996 (18)	Übernahme durch Ausbildungsbetrieb und Anstellung im Bereich der Außensanierung
Aug. 1996-Juli 1997 (18/19)	arbeitslos
1996/97 (19/20)	Stellvertreter des THS, Sektion Jena zusammen mit Uwe Mundlos
Okt. 1996-Dez.1997 (19/20)	Verdacht, zusammen mit weiteren Personen Bombenattrappen und Briefbombenimitate hergestellt und deponiert zu haben (6.10.96 „Stadion-Bombe", 2.9.97 „Theater-Bombe", 26.12.97 „Friedhofskoffer")

21.04.1997 (19)	Verurteilung zu einer Jugendstrafe von drei Jahren und sechs Monaten Freiheitsentzug; Berufung
02.-20.06.1997 (19)	Anstellung als Montagearbeiter in Eisenach
21.06.-27.08.1997 (19)	arbeitslos
28.08.-08.09.1997 (19)	Anstellung in einer Drückerkolonne
Sept. 1997 (19)	Ausmusterung
Okt. 1997 (19)	Berufungsverhandlung; Herabsetzung des Strafmaßes auf zwei Jahre und drei Monate Freiheitsentzug
Dez. 1997 (20)	Rechtskräftigkeit des Urteils
26.01.1998 (20)	Flucht während einer polizeilichen Durchsuchung und Gang in die Illegalität
um 2000 (22/23)	Gründung des NSU
04.11.2011 (34)	Tod durch Schussverletzung

6 Fallrekonstruktion

6.1 Generation, Herkunftsmilieu, Herkunftsfamilie

B. wird 1977 in der DDR geboren.

Dieses Datum verweist auf die generative Einbettung von B. Ihre Offenlegung ist für die Rekonstruktion der Individuierungsgeschichte insofern relevant, weil sie spezifische Handlungsmöglichkeiten nach Bewältigung der letzten Ablösungskrise eröffnet und schließt und damit strukturbildende Wirkung besitzt.[34]

Unter Generationen werden mentalitätsähnliche Gruppen von Gleichaltrigen, die ein gesellschaftlich-zeitliches Schicksal miteinander teilen, verstanden (vgl. Oevermann 2001b: 78, Struck u. a. 1998: 7). Das hier zu Grunde liegende Generationenkonzept knüpft an Mannheim an, der

---

[34] Die Ausbildung des spezifischen Generationshabitus, der eine Generation in der Regel ein Leben lang begleitet (vgl. Gärtner 2006: 417), ist in bestimmten abweichenden oder exklusiven Milieus nicht bzw. nur mit erheblichen Einschränkungen anzunehmen.

Generationen an Hand unterschiedlicher Bewusstseinszugänge zu Kulturgütern unterscheidet.[35] Die Genese von Generationen ist „Ausdruck eines systematischen Zusammenhangs zwischen den universellen Krisen der Ontogenese und den jeweilig zeitgleichen gesellschaftlichen Krisen" (Oevermann 2001b: 104).

Für die Rekonstruktion der generativen Einbettung können die ersten beiden ontogenetischen Krisen vernachlässigt werden, weil sie kaum Einfluss auf die Formierung einer Generation besitzen. Zum Zeitpunkt des Auftretens der ödipalen Krise sind die objektiven Strukturbedingungen der sozialisatorischen Praxis von Interesse. Es ist davon auszugehen, „dass für mögliche generationsprägende gesellschaftliche Einflüsse in der ödipalen Phase und der ödipalen Krise vor allem von Bedeutung sein wird, welche Position die Väter in der ödipalen Triade durchschnittlich einnahmen und welche ‚peer-group'-artigen Vergemeinschaftungsformen in der Latenzphase gesellschaftlich vermittelt über das Schulsystem und die politischen und religionsgemeinschaftlichen Aktivitäten auf die Erziehung Einfluss nahmen" (ebd.: 110). Während der Bewältigung der Adoleszenzkrise sind für die Formung eines spezifischen Generationshabitus gesellschaftliche Ereignisse und die damit verbundenen öffentlichen Diskurse entscheidend. Es ist anzunehmen, dass die Adoleszentengruppe, um sich abzugrenzen, umstrittene Deutungen der Erwachsenen aufgreifen und daran Grenzen

---

35 Mannheims Generationskonzept stellt ein Konglomerat aus Generationslage, Generationszusammenhang und Generationseinheit dar. Unter einer Generationslagerung versteht er die chronologische Gleichzeitigkeit des Lebens in ein und derselben historischen Lebensgemeinschaft, in der potentielle Möglichkeiten angelegt sind (vgl. Mannheim 1970: 542). Der Generationszusammenhang ergibt sich aus der aktiven und passiven Teilhabe an sozialen und geistigen Strömungen zu bestimmten historischen Zeitpunkten und einer daraus resultierenden Schicksalsgemeinschaft, wobei das Alter den Spielraum des Erlebens und die Art des Eingreifens beschränkt (vgl. ebd.: 543, 527f.). Die Generationseinheit konstituiert sich durch dieselbe Erlebnisverarbeitung innerhalb spezifischer Geburtsjahrgänge. „Dieselbe Jugend, die an derselben historisch-aktuellen Problematik orientiert ist, lebt in einem ‚Generationszusammenhang', diejenigen Gruppen, die innerhalb dieses Generationszusammenhangs in jeweils verschiedener Weise diese Erlebnisse verarbeiten, bilden jeweils verschiedene ‚Generationseinheiten' im Rahmen desselben Generationszusammenhangs." (ebd.: 544)

markieren. Auch hier ist bedeutsam, welche Vergemeinschaftungsformen für die Lösung der Adoleszenzkrise zur Verfügung stehen und wie sich die familienstrukturellen Voraussetzungen darstellen. (vgl. ebd.: 109f.) Vor dem Hintergrund dieser methodischen Anmerkungen erfolgt nun die Rekonstruktion der generativen Einbettung von B.

B. wird am 01.10.1977 in der DDR geboren. Kinder dieser Geburtskohorte besuchen im Normalfall Kinderkrippe, Kindergarten und Schule und werden von klein auf in den staatlichen Institutionen im Sinne einer „sozialistischen Persönlichkeit"[36] erzogen. Die dritte Ablösungskrise, verursacht durch den Austritt aus der ödipalen Triade, erlebt die Geburtskohorte der 1977er etwa um 1983/84. Aufgrund der Abwesenheit von Kriegen stellt die vollständige Familie den Normalfall innerhalb dieses Jahrgangs dar. Einzig die hohe Scheidungsrate, die Mitte der 1980er Jahre in der DDR ca. 28% beträgt (vgl. Geißler 2008: 338), wirkt strukturell krisenverschärfend. Angst um ihren Arbeitsplatz müssen die Eltern dieses Jahrgangs nicht haben. Zu Beginn der 1980er Jahre herrscht ein hoher Lebensstandard unter der DDR-Bevölkerung. Familien und alleinerziehende Elternteile werden staatlich unterstützt. Die Kehrseite der finanziell aufwändigen sozialpolitischen Maßnahmen ist eine verschlechterte Konsum- und Wohnsituation, die neben der zunehmenden staatlichen Gängelung die Unzufriedenheit unter der Bevölkerung anwachsen lässt. Die Mangelwirtschaft in den Betrieben wirkt sich negativ auf Arbeitsmoral und -disziplin aus und lässt die Zahl der Ausreiseanträge stark ansteigen. Aus Angst vor staatlichen Repressionen begehrt die Masse nicht auf, sondern entwickelt eine Mentalität des äußeren Mitmachens bei innerer Distanz mit der Folge der Entstehung eines von Konformität geprägten, fast kleinbürgerlichen Milieus. (vgl. Malycha 2011: 66f.)

Die Gesellschaft bietet schulische Klassenverbände, die Zugehörigkeit zu Gruppen innerhalb der Pionierorganisation, staatlich organisierte schulische und außerschulische Arbeitsgemeinschaften sowie Sportgruppen

---

36 „Sozialistischen Persönlichkeit" meint in Anlehnung an Artikel 25 der Verfassung der DDR allseitig gebildete und harmonisch entwickelte Menschen, die vom Geist des sozialistischen Patriotismus und Internationalismus durchdrungen sind und über eine hohe Allgemeinbildung und Spezialbildung verfügen (vgl. Verfassung der DDR (1974).

als Vergemeinschaftungsformen für die sich aus der Familie ablösenden Kinder an, so dass gute Bedingungen für eine gelingende Bewältigung der ödipalen Ablösungskrise bestehen. Eine Besonderheit stellt die institutionelle Anbindung der Vergemeinschaftungsformen an den Staat dar. Nichtstaatliche Vereine und Verbände gibt es so gut wie gar nicht. Lediglich die Kirche bietet mit ihren Jungen Gemeinden eine Alternative, die die ihnen beitretenden Jugendlichen jedoch unter den Generalverdacht der staatlichen Opposition stellt.

Ihre Adoleszenz erlebt der Jahrgang 1977 etwa zwischen 1992 und 1996.[37] Der öffentliche Diskurs jener Zeit dreht sich immer wieder um die Folgen der Deutschen Einheit und die Eigentümlichkeiten Ostdeutschlands bzw. Ostdeutscher. Nach der anfänglichen Euphorie weichen die Hoffnungen auf eine rasche Angleichung der Lebensverhältnisse zwischen Ost und West. Es zeigt sich, dass der Aufholprozess Ostdeutschlands nicht so reibungslos von statten geht, wie erwartet und dass die Deutsche Einheit mehr Kosten verursacht, als angenommen. (vgl. Nölting/Schröder/Marotz 2011: 206) Themen von Debatten sind immer wieder die Konjunktureinbrüche ab 1993 und die darauffolgende Wirtschaftskrise in den neuen Ländern, der Anstieg der Arbeitslosenzahlen und die zunehmenden Transferleistungen westdeutscher Bundesländer (vgl. Kollmorgen/Hans 2011: 148). Parallel zu diesem Diskurs verschärft sich eine seit Mitte der 1980er Jahre geführte Asyldebatte, in der Politiker der CDU/CSU die Einschränkung des Grundrechts auf Asyl fordern. Infolge der Neufassung des Grund- und Asylverfahrensgesetzes im Juli 1993 und des Rückgangs der Asylbewerberzahlen flacht die Asyl-Debatte ab. Ein Diskurs um den Rechtsextremismus in Deutschland, der in Zusammenhang mit der Asyldebatte aufkommt, bleibt indessen bestehen.

Auffällig am Diskurs der Einheitsfolgen ist die Selbstverständlichkeit, mit der das westdeutsche Politik-, Wirtschafts- und Gesellschaftssystem als die Normalität angesehen wird, auf deren Folie die Verhältnisse in Ostdeutschland gedeutet werden (vgl. Reiher 2008: 2, Roth 2008: 74).

---

37 Es wird von einem Adoleszenzalter von 15 bis 19 Jahren ausgegangen. Manche Wissenschaftler sehen die Adoleszenz auch bereits mit einsetzender Pubertät beginnend, d. h. mit einem Alter von etwa 12/13 Jahren, was bei der Geburtskohorte 1977 den Jahren 1989/90 entspricht.

Geprägt wird die Debatte vor allem von Intellektuellen, Politikern und Journalisten aus den alten Bundesländern sowie zu den neuen politischen Eliten gehörenden Opfern staatlicher Gewalt oder Gängelung in der DDR. Entsprechend verzerrt wird das Leben in der DDR dargestellt. (vgl. Ahbe 2005: 64f.) Um 1990 gilt die Kritik vornehmlich den wirtschaftlichen und politischen Strukturen der ehemaligen DDR. Als die Einführung der sozialen Marktwirtschaft und demokratischen Strukturen nicht ohne weiteres gelingen, werden ab Mitte der 1990er Jahre die Eigenarten und Defizite der Ostdeutschen für die misslingende Einheit verantwortlich gemacht (vgl. ders. 2008: 23f.). Dabei gibt es zwei Diskursrichtungen. In der einen werden die Ostdeutschen als Rebellen und moralisch überlegenen Kämpfer für ihre Ideale, die sich von der alten Bundesrepublik nicht vereinnahmen lassen, dargestellt. In der anderen werden sie beschrieben als frustrierte Verlierer, denen es an Arbeitsmoral und -disziplin, Flexibilität, Demokratiefähigkeit, Autonomie etc. mangelt. In dieser Diskursrichtung erfolgt auch eine Verknüpfung des Themas mit dem Rechtsextremismusdiskurs.

Infolge der permanenten Thematisierung und Stereotypisierung der Ostdeutschen sind die ehemaligen DDR-Bürger verunsichert und fühlen sich als „Bürger zweiter Klasse", als Wendeverlierer, als benachteiligt, als doppelt betrogen. Viele entwickeln eine zukunftspessimistische Einstellung und ziehen sich ins Private oder eine nostalgische Ostromantik zurück.

Wollen sich die adoleszenten Jugendlichen von ihrer Elterngeneration abgrenzen, können sie dies am ehesten tun, indem sie sich von deren Konformismus, ihrer Resignation und ihrem Rückzug ins Private abkehren und sich politisch alternativ engagieren. Hinderlich für eine solche Abgrenzung sind fehlende Vergemeinschaftungsangebote. Die Jugendclubs und Freizeiteinrichtungen der DDR sind weitestgehend geschlossen und die großen Jugend- und Massenorganisationen gibt es nicht mehr. Ein staatlich unabhängiges Vereinswesen, das den Wegfall hätte kompensieren können, gab es in der DDR nicht. Die traditionellen Angebote der alten Bundesrepublik (Vereine, Parteijugendorganisationen etc.) haben sich noch nicht etabliert bzw. werden von den ostdeutschen Jugendlichen noch nicht angenommen.[38]

---

38 Oevermann führt hierzu aus: „So scheint z. B. für die Krise der Jugendlichen in Ostdeutschland nach der Wende – Stichwort: Empfänglichkeit für

Neben den fehlenden Vergemeinschaftungsmöglichkeiten gibt es einen weiteren krisenverschärfenden Aspekt. Er besteht in der wendebedingten Orientierungslosigkeit der Erwachsenen, die ihre Korrektivfunktion im Falle adoleszenzbedingter Normenüberschreitung nicht ausüben, weil sie selbst nicht wissen, was im neuen Gesellschaftssystem als richtig oder falsch gilt. In diesem Sinnvakuum haben es sozial abweichende Gruppen mit rigiden Strukturen und Regeln (z. B. Sekten, Fundamentalisten oder Extremisten) leicht, die Heranwachsenden für sich zu gewinnen.

Jana Hensel, Jahrgang 1976, geboren und aufgewachsen in Leipzig, beschreibt das Lebensgefühl ihrer Generation in ihrem Roman „Zonenkinder". Sie konstatiert, dass alle zu jener Zeit den Überblick verloren hatten. Ihrer Generation beschreibt sie als „Touristen im eigenen Leben" (Hensel 2003: 33f.), die die Orte und Helden ihrer Kindheit mit der Wende abrupt verloren haben. Sie seien „zwittrige Ostwestkinder" (ebd.: 74), die im Verschwinden aufwuchsen, die weder Ostdeutsche noch Westdeutsche waren und deren Leben aus Abschieden und Brüchen, aber nicht aus Übergängen, bestand. (vgl. ebd.: 160) Der Verlust der Sicherheit im wendekrisenerschütterten Elternhaus und die erlebte Orientierungslosigkeit der Erwachsenen lässt ihre Generation eine eher pessimistische Lebenshaltung zu Eigen werden.

Die Generation von B. will und kann nicht erwachsen werden. Die Erwachsenen sind mit sich selbst befasst. Sie nehmen die Adoleszenten in ihren Abgrenzungsversuchen nur dann wahr, wenn sie dies in besonders drastischer Weise, im Sinne schwerer Sittlichkeitverletzungen, tun. Die meisten Heranwachsenden grenzen sich nicht ab oder bleiben in ihren Abgrenzungsversuchen sich selbst überlassen. Sie, die „Söhne und Töchter

---

Rechtsradikalismus – ein wichtiger Umstand gewesen zu sein, dass die Möglichkeiten zu einer Vergemeinschaftung von Jugendlichen in der ‚peer-group' der Latenzphase vor der Pubertät und der Adoleszenzphase nach der Pubertät extrem beschränkt waren, nachdem die Dachorganisation der FDJ und der Jungen Pioniere, unter deren Fittichen sich vor der Wende gleichgeschaltet alle Vergemeinschaftungsangebote zu begeben hatten, ersatzlos von einem Tag auf den anderen fortfiel und eine leere Wüstenei der Jugendorganisationen zunächst hinter sich ließ: Es gab weder vereins- noch religions- oder kulturgemeinschaftliche Jugendgruppen noch Jugendgruppen der politischen oder gewerkschaftlichen Vereinigungen mit einer unabhängigen, eigenständigen Vorgeschichte, die nach der Wende hätte ihre selbständige Arbeit fortsetzen können." (2001b: 110f.)

der Verlierer" (ebd.: 73), treten für ihre Eltern ein, anstatt gegen sie zu rebellieren.[39] Sie sind irritiert, dass Lehrer und staatlichen Akteuren Abweichungen eher tolerieren, anstatt sie zu sanktionieren.

Der hier im Fokus stehende Geburtsjahrgang 1977 grenzt sich nach unten von den Jahrgängen 1970 bis 1975 („Wendegeneration im engeren Sinne") und nach oben von den Jahrgängen ab etwa 1989 („89er") ab. Während die sogenannte Wendegeneration ihre Kindheit und Jugend vollständig in der DDR erlebt, was größtenteils noch eine Identifizierung als DDR-Bürger zur Folge hat, und die sogenannte 89er Generation vollständig unter bundesdeutschen Bedingungen aufwächst, ist die Phase der primären Sozialisation der hier in Frage stehenden Generation fragmentiert. Die Wendegeneration empfindet den gesellschaftlichen Wandel als Chance und als Befreiung von staatlicher Gängelung. Für die 89er spielt er keine Rolle bei der Identitätssuche mehr. Für die Generation dazwischen – sie soll hier als Übergangsgeneration bezeichnet werden[40] – trifft weder das eine noch das andere zu. Ihre Angehörigen sind zu jung, um in das sozialistische System verstrickt gewesen zu sein und zu alt, um nichts mehr

---

39 Hensel schreibt: „Wir waren nahezu die Einzigen, die nichts gegen unsere Eltern taten, so zumindest kam es uns manchmal vor. Sie lagen ja schon am Boden, inmitten der Depression einer ganzen Generation, und wir, die wir mit viel Glück und nur dank unserer späten Geburt um ein DDR-Schicksal herumgekommen waren, wollten die am Boden Liegenden nicht noch mit Füßen treten. (...) Wir griffen unsere Eltern nicht an. Wir stellten keine Fragen nach historischer Schuld oder Ähnlichem. Das Einzige, was wir taten: Wir verteidigten unsere Eltern." (2003: 75f.) Und auch Rennefanz berichtet in ihrem Roman „Eisenkinder" ähnliches. Sie schreibt: „Das war vielleicht das Schwierigste am Aufwachsen in der Wendezeit: zu sehen, wie hilflos und gekränkt die Eltern waren. Wie soll man einen Platz in der Welt finden, wenn diejenigen, die einem dabei helfen sollen, selbst verloren waren?" (2013: 71).

40 Lindner bezeichnet die Geburtsjahrgänge ab 1975 als die „unberatenen Generation", „die von allen Erziehungsträgern – privaten wie staatlichen – weitgehend allein gelassen worden ist" (2003: 28). Rennefanz nennt die Ostdeutschen, die den Mauerfall im Alter zwischen acht und 16 Jahren erlebten, „Eisenkinder". Deren Eigenheit sei eine in ihnen schlummernde „stille Wut" (vgl. 2013). An anderer Stelle wird die Kohorte der um 1975 Geborenen als „Generation der doppelt Verratenen" (vom Sozialismus und Kapitalismus) bezeichnet die – anders als die Wendegeneration – den gesellschaftlichen Umbruch als Deklassierung der Ostdeutschen zu Bürgern zweiter Klasse erlebt (vgl. Bürgel 2004: 21).

mit der DDR zu tun gehabt zu haben. Sie befinden sich in einer ähnlichen Lage wie ihre Großeltern nach dem Krieg, die den Nationalsozialismus zwar miterlebten, aber zu jung waren, um Verantwortung für ihr Handeln übernehmen zu müssen. (vgl. Bürgel 2006: 171).[41]
B. wird in Jena geboren, wo er bis 1998 lebt.
Neben den gesellschaftlich-historischen Bedingungen des Aufwachsens gilt es auch Besonderheiten des Siedlungsraumes zu berücksichtigen, weil auch er einerseits biografische Entscheidungsmöglichkeiten einschränkt, andererseits spezifische Handlungsräume eröffnet.

Jena ist ein bedeutender und traditionsreicher, mittelständisch geprägter Wirtschafts- und Wissenschaftsstandort in Thüringen. An der Friedrich-Schiller-Universität studieren zu Ende des 18./Beginn des 19. Jh. berühmte Vertreter des deutschen Idealismus, wie z. B. Fichte, Schelling oder Hegel. Zur selben Zeit ist das wenige Kilometer entfernte Weimar kulturelles Zentrum von Kunst und Literatur. Goethe, Schiller, Wieland, Herder und weitere berühmte Klassiker wirken zu jener Zeit in Weimar.

Mit Beginn der Industrialisierung siedeln sich feinmechanische und optische Betriebe an. Carl Zeiss gründet 1848 das Zeiss-Werk, das mit der Stadt Jena so eng verbunden ist, wie Bayer mit Leverkusen oder VW mit Wolfsburg. Das VEB Carl-Zeiss-Jena gehört zu den größten und bedeutendsten Kombinaten der DDR. Hier arbeiten bis zu 35000 Beschäftigte. Die Arbeitskräfte sind zum Teil hoch spezialisiert und kommen in den Genuss einer hochwertigen Ausbildung. Durch die ortsansässige Friedrich-Schiller-Universität sowie zahlreiche kleinere Forschungsinstitute kooperieren die industrielle Produktion und Forschung eng miteinander, womit das VEB Carl Zeiss Jena die wissenschaftlich-technische Revolution wie kaum ein anderes Kombinat der DDR verkörpert und Vorzeigeobjekt der sozialistischen Produktion ist.

Ab 1975 übersteigt die Einwohnerzahl Jenas die Einhunderttausender-Marke.[42] Ein Großteil der Jenenser, auch die Familie von B., lebt in den

---

41 Allgemein lässt sich der Habitus dieser Großelterngeneration als eine ideologische „Ohne-mich-Haltung" charakterisieren. Sie macht während der NS-Zeit äußerlich mit, steht dem Nationalsozialismus innerlich aber größtenteils politisch gleichgültig gegenüber. (vgl. Bude 1993: 272)
42 Vor Beginn des Zweiten Weltkriegs waren etwa 75% der Jenaer Bevölkerung evangelischer Konfession und etwa 5% katholischer. (vgl. URL: http://www.

damals begehrten Wohngebieten Jena-Lobeda und Winzerla.[43] Die Bevölkerung ist im statistischen Vergleich jünger als in vergleichbaren anderen DDR-Städten. Dafür ursächlich dürften die vielen Studierenden und Auszubildenden in Jena sein. Jena galt als systemkritische Region und eines der Oppositionszentren der DDR.[44]

Im Rahmen der Sanierung der Zeiss-Werke werden nach der Wende ca. zwei Drittel der Beschäftigten entlassen. Es gründen sich zahlreiche kleinere Forschungs- und Entwicklungsunternehmen, die sich auf Optik, Werkstoff- und Medizintechnik, Informations- und Kommunikationstechnik und Bildverarbeitungstechnik spezialisieren und in denen viele der entlassenen Zeissianer eine Anstellung finden. Auch die Bauindustrie und das Handwerk boomen. Neben der Friedrich-Schiller-Universität gibt es seit 1991 eine Fachhochschule, die Studiengänge in den Ingenieurs- und Sozialwissenschaften sowie in Betriebswirtschaft anbietet. Vergleicht man die Arbeitslosenquoten bis Mitte der 1990er Jahre mit denen Thüringens, ist erkennbar, dass Jena durchweg eine geringere Arbeitslosigkeit als andere Teile Thüringens aufweist. Allerdings gleicht sich die Quote mit den Jahren immer mehr dem statistischen Durchschnitt Thüringens an. Während Jena 1992 noch die geringste Quote in Thüringen aufweist, haben 1997 sechs Landkreise bzw. kreisfreie Städte weniger Arbeitslose als Jena.[45]

---

verwaltungsgeschichte.de [02.01.2014]). Ab 1949 wurden keine offiziellen Statistiken über die Religionszugehörigkeit mehr geführt.

43 In Jena-Lobeda wohnen 1990 33000 Einwohner. Jena-Winzerla als zweitgrößtes Neubaugebiet Jenas verzeichnet für das Jahr 1991 16000 Einwohner (vgl. Kynast o.J.: 46 und Zander o.J.: 54). Damit lebt fast die Hälfte der Jenser in einem der beiden Wohngebiete.

44 Die Hochschulszene der DDR lässt sich als reformkommunistisch, aber nicht systemkritisch bewerten. Hochschulangestellte und Studierende setzten sich für die Ideale des Sozialismus ein, kritisierten davon abweichende Tendenzen und forderten die SED-Führung zum Einlenken auf. Die Universität Jena galt in der DDR als eine tendenziell unruhige Universität. Es kommt immer wieder zu Protesten gegen die Einschränkung der wissenschaftlichen Freiheit. (vgl. Gottwald/ Ploenus 2002: 9ff.)

45 Arbeitslosenquote 1992: 8,8 % (Jena) und 14,5 % (Thüringen); 1993: 11,9 % (Jena) und 17,1 % (Thüringen); 1994: 11,6 % (Jena) und 14,7 % (Thüringen); 1995: 13,2 % (Jena-Stadt) und 15,9 % (Thüringen); 1996: 15,7 % (Jena-Stadt) und 17 % (Thüringen) (vgl. Statistische Jahrbücher Thüringen 1993-1996).

Politisch gesehen, besteht Jena in den 1990er Jahren zu etwa zwei Dritteln aus CDU- und SPD-Wählern, wobei die Sozialdemokraten leichte Vorteile haben. Mit einigen Abstrichen folgt die PDS (um 20%). Rechtsgerichtete Parteien liegen während der 1990er Jahre in den Jenaer Wahlkreisen leicht über dem thüringenweiten Durchschnitt, jedoch nie über 3%. (vgl. URL: http://www.wahlen.thueringen.de/WahlSeite.asp [03.12.2013])

Nach der Wende ist die Jugendszene Jenas von einer starken Rechts-Links-Polarisierung gekennzeichnet. Anfang der 1990er Jahre kommt es immer wieder zu öffentlichen, gewaltsamen Auseinandersetzungen zwischen diesen beiden Lagern. Die Übergriffe sind zunächst spontan und sporadisch, werden aber mit Festigung der Gruppenstrukturen geplanter. Mitte der 1990er Jahre werden rechte Gruppierungen durch die Aktivitäten linksgerichteter Akteure aus dem Stadtzentrum in die Randbereiche der Wohngebiete Lobeda und Winzerla verdrängt. (vgl. Thüringer Landtag 2013: 181)

Großeltern
Zu den Großeltern von B. liegen außer den Informationen über die Kriegsbeteiligung der Großväter keine Daten vor. An Hand der Geburtsdaten seiner Eltern kann geschlossen werden, dass sie etwa zwischen 1905 und 1925 geboren wurden. Der Großvater mütterlicherseits war nicht im Krieg, der Großvater väterlicherseits war im Krieg. Für beide Großeltern kann vermutet werden, dass sie aufgrund der beiden Weltkriege Verluste von Familienangehörigen zu bewältigen hatten, woran ihre Familien entweder zerbrachen oder enger zusammen wuchsen. Als ehemaliger Soldat im Zweiten Weltkrieg gehörte der Großvater väterlicherseits nicht zu den Privilegierten für Führungsämter beim Aufbau der DDR, die sich als antifaschistischer Staat definiert. Über die Gründe, warum der Großvater mütterlicherseits nicht im Krieg war, lässt sich nur in methodisch unzulässiger Weise spekulieren.

Der Vater Jürgen Böhnhardt wird 1944 geboren.
Der zu jener Zeit recht häufig vorkommende Vorname „Jürgen" verweist auf ein wenig exklusives Herkunftsmilieu.[46] Die frühkindliche Entwicklung des Vaters ist vom Kriegsende und der daraufolgenden Not

---

46 „Jürgen" gehörte Mitte der 1940er Jahre zu den beliebtesten Vornamen. (vgl. URL: http://www.beliebte-vornamen.de/jahrgang/j1944 [20.11.2013])

gekennzeichnet. Zwar fehlen ihm bewusst erlebte Kriegserfahrungen, jedoch dürfte es mit hoher Wahrscheinlichkeit in seiner Herkunftsfamilie Verlusterfahrungen von Angehörigen gegeben haben. Es ist davon auszugehen, dass das gemeinsame Erleben des Kriegs und des Bewältigens der Kriegsfolgen die Familie fest aneinander bindet, was zu Ablösungsschwierigkeiten geführt haben könnte. Zudem herrscht noch ein bürgerlich geprägtes Familienmodell vor, dass erst einige Jahre später mit dem Auf- und Ausbau des sozialistischen Bildungssystems deformiert wird. Politisch gesehen, herrscht in den meisten Familien in den Nachkriegsjahren ein ideologisches Vakuum. Die Eltern schweigen aus Scham oder Schuld über die Vergangenheit. Viele ziehen sich ins Unpolitische zurück und passen sich äußerlich dem neuen System an, behalten aber während der NS-Zeit entwickelte Ressentiments gegenüber dem Kommunismus bei. (vgl. Geulen 1998: 32ff.) Das Sinnvakuum in den Familien kann der Staat mit neu geschaffenen Institutionen, wie der Pionier- oder FDJ-Organisation, ausfüllen und die Kinder und Jugendlichen über positiv besetzte Gemeinschaftserlebnisse an sich binden. In intakten Familien ist die Familienbindung während der 1950er Jahre aber immer noch ausgeprägter als die Bindung an den Staat, die eher oberflächlich als tiefgründig erfolgt.

Der Vater verlässt die Schule vor der grundlegenden Schulreform 1959, die u. a. die Einführung der Polytechnischen Oberschulen und das Bildungsziel der Erziehung der Schüler zu einer „allseitig entwickelten sozialistischen Persönlichkeit" beinhaltet. Insofern ist er dem staatlichen Erziehungseinfluss noch nicht so stark ausgesetzt wie spätere Geburtenjahrgänge. Seine Generation erfährt ihre politische Sozialisation noch überwiegend im Elternhaus. Das heißt, der Vater wird sich aller Wahrscheinlichkeit nach äußerlich im Wesentlichen systemkonform verhalten, im Privaten aber in Anlehnung an (nationalsozialistisch deformierte) bürgerliche Wertvorstellungen mit ihren kommunismusfeindlichen Implikationen leben.

Seine Adoleszenz erlebt der Vater um 1960. Irritierend dürfte auf die Jugend jener Zeit die wachsende Militanz an der deutsch-deutschen Grenze gewirkt haben, die in Widerspruch zum Selbstverständnis der DDR als Friedensstifter steht. Der Mauerbau, der die Schließung der Gesellschaft besiegelt, ist eines der zentralen historischen Ereignisse, denen diese Generation ausgesetzt ist. Die noch primär bürgerlich sozialisierten Jugendlichen jener Zeit erleben mit, wie Freiheit und Freizügigkeit, beides Grundwerte einer bürgerlichen Gesellschaft, erhebliche Einschränkungen erfahren und wie die Staatsführung, nicht nur in der DDR, sondern auch in anderen sozialistischen Staaten (z. B. 1956 in Ungarn) mit Reformwilligen umgeht. Die meisten Jugendlichen und Heranwachsenden resignieren und ziehen sich zurück. Nur wenige begehren auf. (vgl. Malycha 2011: 37ff.)

Wirtschaftlich gesehen, ist der Beginn der 1960er Jahre vom Ausbau der metallurgischen Industrie und des Schwermaschinenbaus geprägt. Infolge der steigenden Anzahl von Republikflüchtlingen verschärft sich bis 1961 der Arbeitskräftemangel in der Produktion. Ab 1963 bilden chemische Industrie und Maschinenbau die besonders geförderten Industriezweige. (vgl. ebd.: 19ff.) Der Beginn der 1960er Jahren steht im Zeichen der „wissenschaftlich-technischen Revolution", worunter die technische Modernisierung durch die Wissenschaft und eine Zusammenarbeit von Industrie und Forschungseinrichtungen zu verstehen ist. Die höheren Bildungswege sind für Arbeiterkinder noch nicht geschlossen. Ihr Anteil an den Studierenden ist zu jener Zeit höher als der Anteil der Intelligenzkinder, was sich ab Mitte der 1960er Jahre umkehrt. (vgl. Geißler 2008: 289) Berufe mit Karrierechancen stellen technische Berufe mit einer wissenschaftlichen Ausbildung dar. Für die Ausübung solcher Berufe bietet Jena als traditioneller Wirtschafts- und Wissenschaftsstandort beste Voraussetzungen.

Der Vater ist Ingenieur.

Der Vater ergreift genau einen solchen Beruf. Er ist in der Lage, bestehende Karrierechancen zu erkennen und zu nutzen. Der Ingenieursberuf gilt in Industriegesellschaften als traditioneller Aufsteigerberuf (vgl. Wienke 1989: 123). Inwiefern mit der Berufswahl des Vaters ein Milieuwechsel vom traditionellen Arbeitermilieu in das sozialistische Establishment, dem DDR-Aufsteigermilieu[47], verbunden ist, kann aufgrund der fehlenden Daten zu seinen Eltern nicht rekonstruiert werden, erscheint aber wahrscheinlich.

---

47 Hofmann definiert das sozialistische Establishment als „die sozialstrukturelle Besonderheit der DDR, eine in den 1940er bis 1960er Jahren herangebildete breite sozialistische Oberschicht, die ihrem Staat dankbar für den Bildungsaufstieg war und bis in die 1980er Jahre blieb" (Hofmann 2009).

Das Berufsprestige des Ingenieurs ist zwiespältig. Ingenieure bewegen sich zwischen Facharbeiterschaft und sozialistischer Intelligenz. Ihre Arbeit ist einerseits durch Produktionsnähe gekennzeichnet, was ihnen in einer Arbeitsgesellschaft, wie es die DDR ist, Statusvorteile einbringt, sie ist andererseits vergeistigt, was sie von den Arbeitern abhebt. Seitens der sozialistischen Intelligenz erfahren Ingenieure Prestigeeinbußen, weil ihnen die für wissenschaftliches Arbeiten notwendige Praxisdistanz fehlt. Das Berufsethos lässt sich als wissenschaftlich-technisch und nicht ökonomisch oder ideologisch denkend charakterisieren, weshalb Ingenieure tendenziell ideologieresistenter als andere Angehörigen der sozialistischen Intelligenz sind.

Der Vater verlässt um Mitte, mit Tendenz gegen Ende, der 1960er das Ausbildungssystem. Ob und zu welchem Zeitpunkt er seinen Wehrdienst absolviert, ist nicht bekannt. Je nach dem könnte sich sein Einstieg in das Berufsleben um ein bis drei Jahre – von einer längern Wehrverpflichtung ist nicht auszugehen – nach hinten verschieben. Der Umstand, dass der Vater noch vor Beginn der 1970er Jahre in das Arbeitsleben einsteigt, sichert ihm auch ohne SED-Mitgliedschaft mit hoher Wahrscheinlichkeit einen seinen Qualifikationen entsprechenden Arbeitsplatz. Spätere Ingenieurabsolventen sehen sich infolge einer staatlichen Fehlplanung und dem daraus resultierenden Überangebot an Ingenieren mit unterqualifizierten Tätigkeiten konfrontiert. Viele werden wegen verstopfter Forschungsbereiche in den Produktionsbetrieben, die zur Aufnahme von Ingenieursabsolventen zwangsverpflichtet werden, eingesetzt. Eine Parteimitgliedschaft wirkt sich nun förderlich auf die Karriere aus. (vgl. Meyer 1990: 88ff., Wienke 1989: 118ff.) Mit dem Wechsel in der Staatsführung von Ulbricht zu Honecker im Jahr 1971 findet eine Gehaltsnivellierung zwischen Facharbeitern und Ingenieuren im mittleren Angestelltenbereich statt, die die Leistungsgerechtigkeit aushebelt. Bei vielen Ingenieuren führt dieser Einschnitt zu Frustration und Distanzierung vom Staat, die durch die geringen schöpferischen Anforderungen an ihre Arbeit weiter befördert werden. (vgl. Meyer 1990: 136f.)

Der Vater arbeitet bis zur Wende in der Entwicklungsabteilung im VEB Carl-Zeiss Jena, vermutlich im Glaswerk, einem Teilbetrieb des Kombinats. Nach der Betriebszusammenführung mit der Schott AG Mainz ist er Abteilungsleiter. Es ist davon auszugehen, dass er durch die neue Firma übernommen worden ist.[48] Nach der Wende wird der Ingenieursberuf aufgewertet, was sich auch in deutlich besseren Verdienstmöglichkeiten äußert. Die Aufwertung bindet den Vater an den neuen Staat. Seine vorherige ideologische Resistenz macht es ihm leicht, sich mit der Bundesrepublik zu identifizieren.

Die Mutter Brigitte Böhnhardt wird 1948 in B-Stadt geboren.[49]

Für den Vorname der Mutter gilt dasselbe wie für den des Vaters. Auch „Brigitte" ist einer der beliebtesten Vornamen zum Zeitpunkt ihrer Geburt und lässt eine exklusive Herkunft für wenig wahrscheinlich erscheinen.

B-Stadt ist seit der Entdeckung von Salzvorkommen zu Beginn des 20. Jh. durch diesen Industriezweig und somit vom traditionellen (Bergbau-)Arbeitermilieu, einem Milieu mit ausgeprägten solidarischen Beziehungen, geprägt.[50]

Die vier Jahre jüngere Mutter ist im Vergleich zum Vater viel stärker durch staatliche Bildungseinrichtungen und Jugendorganisationen geprägt, was ihre Familienbindung schwächt. Sie besucht die 1959 neu gegründete Schulform der Polytechnischen Oberschule noch mindestens fünf Jahre. In ihrer Familie gibt es keine aktuell erlebten Kriegserlebnisse oder -folgen zu bewältigen. Die verminderte familiäre Bindungskraft schwächt die Internalisierung (nationalsozialistisch deformierter) bürgerlicher Wertvorstellungen ab. Trotz des verstärkten staatlichen Erziehungseinflusses ist die Mutter dem sozialistischen Erziehungssystem allerdings noch nicht in dem Maße ausgesetzt, wie es spätere Geburtskohorten sind.

Ihre prägende Adoleszenzphase erlebt sie um Mitte der 1960er Jahre. Zu dieser Zeit haben sich Wirtschaft und politische Herrschaft stabilisiert. Der Lebensstandard der Bevölkerung steigt. Die stabilen gesellschaftlichen Strukturen dürften für eine reibungslose Adoleszenzkrisenbewältigung

---

48 Hofmann stellt fest, dass Vertreter des rationalistisch-technokratischen Milieus, das zum sozialistischen Establishment zählt, in der Regel nur dann Abstiege erlebten, wenn sie aufgrund ihrer politischen Aktivitäten in der DDR ausgegrenzt wurden oder kurz vor dem Renteneintritt standen (vgl. Hofmann 2009: 4). Beides trifft für Jürgen Böhnhardt nicht zu.
49 Aus datenschutzrechtlichen Gründen wird der Geburtsort maskiert.
50 Vor Beginn des zweiten Weltkriegs hatten 93% der Bevölkerung des zugehörigen Landkreises die evangelische und 4% die katholische Konfession. (vgl. URL: http://www.verwaltungsge-schichte.de [02.01.2014])

der Mutter gesorgt haben. Der Ende der 1960er Jahre ausbrechende Generationenkonflikt, der als Folge der zunehmenden Distanz der Kinder und Jugendlichen zu ihren Eltern und der stärkeren Identifizierung der nachwachsenden Generation mit dem Staat zu sehen ist, hat die 1948er-Kohorte, der die Mutter angehört, nur noch in geringem Maß beeinflusst.[51]

Die Mutter verlässt je nach Bildungsabschluss Anfang oder Mitte der 1960er Jahre das Schulsystem. Wirtschaftlich ist diese Zeit durch die Umsetzung der Wirtschaftsreform mit dem Fokus auf metallurgischer und chemischer Industrie sowie wissenschaftlich-industrieller Revolution geprägt. Einen weiteren Schwerpunkt in jener Zeit bildet der Ausbau des Schulsystems.

Die DDR treibt seit ihrer Gründung die Gleichstellung von Mann und Frau konsequent voran, weil die Gleichheit der Menschen als Grundpfeiler der kommunistischen Idee gilt, Frauen für den Sozialismus gewonnen werden sollen und unter ökonomischen Gesichtspunkten dringend als Arbeitskräfte benötigt werden (vgl. Geißler 2008: 301). Mitte der 1960er Jahre ist die Gleichstellung im schulischen Bildungsbereich realisiert. An den Hochschulen studieren 1969 etwa ein Drittel Frauen (vgl. Meyer 1990: 76) - vorzugsweise in den frauentypischen Studienrichtungen Pädagogik und Medizin. Die Frauenerwerbsquote beträgt um 1965 knapp 50% (vgl. Gerhard 1994: 389). Grundsätzlich stehen Frauen alle Berufszweige offen. In technischen Berufen sind ihre Aufstiegschancen allerdings als gering anzusehen.

Die Mutter ist Unterstufen- bzw. Grundschullehrerin.

Ebenso wie der Vater erkennt und nutzt die Mutter bestehende Chancen. Auch sie gehört als Lehrerin dem sozialistischen Establishment an

---

51 In der DDR zeigt sich der Generationenkonflikt, der längst nicht die Heftigkeit der Studentenproteste in der alten Bundesrepublik erreicht, in der Kritik der Jugendlichen am Auseinanderdriften zwischen sozialistischen Idealen und realer Lebenswirklichkeit und in Sympathiebekundungen mit den Protestierenden des Prager Frühlings. Anders als in der Bundesrepublik richtet sich die Kritik nicht auf die Vergehen der Elterngeneration während der NS-Zeit, sondern auf Defizite dieser Generation beim Aufbau und alltäglichen Vollzug des Sozialismus. Dieser Konflikt ist das prägende Ereignis der frühen DDR-Generation. Sie ist es, die Jahre später für ihre Reformvorstellungen auf die Straße geht und ruft „Wir bleiben hier!", anstatt, wie spätere DDR-Generationen, das Land zu verlassen. Darin zeigt sich die Verbundenheit dieser Generation mit dem Staat.

und erfährt aller Wahrscheinlichkeit nach einen sozialen Aufstieg, der sie dankbar gegenüber dem Staat werden lässt. Als Unterstufenlehrerin für die Klassenstufen eins bis vier stehen ihr kaum Karrierewege offen, so dass davon auszugehen ist, dass sie ihr Bewährungsfeld in den beiden Bereichen Familie und Gemeinwohl suchen wird. Der Lehrerberuf erfordert eine professionalisierte anstelle einer karriereorientierten Berufsethik. Aufgrund ihrer Zugehörigkeit zur staatlichen Funktionselite ist bei ihr mit einer ausgeprägten Identifikation mit der sozialistischen Ideologie und mit Systemloyalität zu rechnen.

Als Unterstufenlehrerin benötigt die Mutter weder Abitur noch Hochschulstudium. Für die Ausbildung zur Unterstufenlehrerin gibt es in der DDR Institute für Lehrerbildung, an denen die angehenden Pädagogen nach Abschluss der 10. Klasse eine dreijährige Ausbildung absolvieren. Infolge des Lehrermangels kann zu jener Zeit der Besuch der Fachschule auf zwei Jahre verkürzt und das dritte Jahr als Fernstudium durchgeführt werden. (vgl. Kemnitz 2004: 99) Die Mutter hat vermutlich im Alter von 18 oder 19 Jahren, d. h. um 1966/67 die Ausbildung beendet und ist in das Berufsleben eingestiegen.

Sie arbeitet seit mindestens Mitte/Ende der 1980er Jahre im Bereich der Sonderpädagogik. Dazu benötigt sie ein Zusatzstudium, das sie entweder zwei Jahre als Direktstudium oder vier Jahre als Fernstudium hat ableisten müssen (vgl. Sandfuchs 2004: 31). Als Sonderpädagogin kann man der Mutter eine ausgeprägte Gemeinwohlorientierung unterstellen. Sie kümmert sich um lern-, geistes- und körperbehinderte Kinder, ohne einen Karrierevorteil zu verfolgen.

Die Eltern heiraten Ende der 1960er Jahre.[52]

Ende der 1960er Jahre haben beide Elternteile ihre Berufsausbildungen höchstwahrscheinlich abgeschlossen. Unmittelbar nach der beruflichen Eigenständigkeit lösen sie sich nun auch familiär aus ihren Herkunftsfamilien. Der Altersunterschied von vier Jahren zwischen Mutter und Vater ist als normal zu betrachten. Für ledige Frauen beträgt das durchschnittliche Heiratsalter zu jener Zeit 22 Jahre, für ledige Männer 24,5 Jahre (vgl. Statistisches Jahrbuch der DDR 1970: 457). Beide Eltern bleiben um mehr als

---

52 Das exakte Heiratsdatum wurde aus datenschutzrechtlichen Gründen maskiert.

ein Jahr unter dem Durchschnittsalter. Dass eine Schwangerschaft Grund für die frühe Heirat ist, kann durch den Kontext ausgeschlossen werden. Inwiefern eventuell pragmatische Gründe, wie z. B. der Wunsch nach einer gemeinsamen Wohnung, die aufgrund des akuten Wohnungsmangels in der DDR in der Regel nur an verheiratete Paare vergeben wurde, oder eine traditionelle Sexualmoral eine Rolle gespielt haben, ist nicht bekannt. Letzteres wäre allerdings eher in einem katholischen Milieu zu erwarten, was die objektiven Herkunftsdaten nicht nahe legen. Das frühe Heiratsalter unterstützt die Hypothese einer zu diesem Zeitpunkt noch bestehenden Verwurzelung ins traditionelle Arbeitermilieu, das u. a. durch eine frühzeitige Familiengründung und eine hohe Kinderzahl charakterisiert ist. Dafür spricht auch der Wohnortwechsel der Mutter, die sich dem Vater damit unterordnet. Erst allmählich nehmen sie ihren Platz in der neuen sozialistischen Funktionselite ein.

Die Partnerwahl ist für beide Elternteile als gut überlegt zu bewerten. Der Vater ist von seinem Bildungsstand und Status leicht höher gestellt als die Mutter, was dem Paar im Falle der Geburt von Kindern ein hohes Einkommen sichert. Beide sind Aufsteiger ins sozialistische Establishment. Es kann von ähnlichen Alltagspraxen und Wertorientierungen ausgegangen werden. Angehörigen dieses Milieus ist eine loyale Haltung gegenüber dem Staat, dem sie ihren Aufstieg verdanken, bis in die 1980er Jahre eigen. Die Mutter wird sich stärker mit den sozialistischen Werten identifizieren als der Vater, der noch weitgehend nach bürgerlichen (nationalsozialistisch deformierten) Wertvorstellungen sozialisiert ist und als Angehöriger der technischen Intelligenz eine gewisse Ideologieresistenz aufweist. Daraus könnten sich Probleme in der Erziehung der Kinder ergeben.

B. ist der Letztgeborene von drei Brüdern (1969, 1971, 1977).

Der älteste Bruder wird 1969, der zweitälteste 1971 geboren. Die Familiengründung erfolgt in zeitlicher Nähe zur Heirat und kann deshalb als geplantes Ereignis gedeutet werden. Die Mutter bekommt ihr erstes Kind im Alter von 21 Jahren, was für die damalige Zeit als normal gilt. Beide Elternteile haben bei Geburt des ältesten Sohnes das Ausbildungssystem verlassen und sind in die Erwerbstätigkeit eingestiegen. Insofern ist die Familienplanung als äußerst rational zu bewerten. Das ist sie auch deshalb, weil zwischen den beiden älteren Söhnen ein Abstand von nur zwei Jahren liegt, der es den Eltern, vornehmlich der Mutter, ermöglicht, rasch aus ihrer stark pflegenden Rolle auszutreten und wieder ins Arbeitsleben einzusteigen.

Wenig rational und erklärungsbedürftig ist der große Geburtsabstand zwischen B. und seinen Brüdern. B. wird 1977, d. h. sechs Jahre nach dem mittleren Bruder, geboren. Der große Altersabstand kann nicht mehr als im Bereich der Normalität interpretiert werden. Objektiv manifestiert sich in der Geburt von B. der Wunsch der Mutter, in der Mutterrolle zu verbleiben und sich weiterhin auf das familiäre Bewährungsfeld zu fokussieren, was bei ihrer vermuteten Milieuherkunft und ihres wenig karriereorientierten Berufs nicht verwundert. Mit drei Kindern liegt Familie B. über dem DDR-Durchschnitt.[53]

Hinsichtlich der Motivation für die späte Geburt sind folgende Hypothesen denkbar. Erstens könnte es sich bei B. um einen in der ursprünglichen Familienplanung nicht vorgesehenen Nachzügler handeln[54], zweitens könnte es zu Eheproblemen zwischen den Eltern gekommen sein und B. die Funktion besessen haben, die Beziehung durch die gemeinsame Pflege eines weiteren Kinds zu kitten und drittens könnten die Gründe in den Erwerbstätigkeiten der Eltern, insbesondere der Mutter gelegen haben. Beispielsweise könnte die Mutter im Zeitraum zwischen der Geburt ihres mittleren und jüngsten Sohnes ihr Studium zur Sonderpädagogin absolviert haben. Diese letzte Hypothese erscheint jedoch wenig einleuchtend, weil bei einem weiteren Kinderwunsch die Qualifizierung hätte zurückgestellt werden können.

Als Benjamin der Familie bleibt B. von übermäßigen Erwartungen seiner Eltern verschont. Seine exklusive Position als Nesthäkchen lässt eine große gefühlsmäßige Bindung zu den Eltern erwarten, die seine Ablösung erschweren wird. Als B. geboren wird, sind seine Brüder bereits aus der ödipalen Triade ausgetreten und haben damit begonnen, sich von der elterlichen Fürsorge abzunabeln. Sie stehen als Spielkameraden nur noch eingeschränkt zur Verfügung. Das ermöglicht den Eltern, den Großteil ihrer

---

53 Der Durchschnitt lag in der DDR zu dieser Zeit bei ca. zwei Kindern (vgl. Geißler 2008: 44).
54 Es ist davon auszugehen, dass B. ein gewolltes Kind ist, ansonsten hätte die Mutter einen in der DDR straffreien und sozial kaum sanktionierten Schwangerschaftsabbruch vornehmen lassen können.

Aufmerksamkeit B. zu widmen und ihn zu verwöhnen. Die sonst übliche Konkurrenzsituation der Geschwister um die Aufmerksamkeit der Eltern fällt zu Gunsten von B. aus, ohne dass dieser einen Aufwand dafür betreiben müsste.

Die Eltern geben ihren Kindern die Namen Jan, Peter und Uwe.
Die Wahl der Vornamen „Uwe" und „Peter" verweist auf eine traditionelle, konservative, nicht religiöse Grundorientierung, woraus sich die Hypothese ableiten lässt, dass die Namenswahl durch die Mutter dominiert ist.[55] Als Angehörige des humanistischen Milieus innerhalb des sozialistischen Establishments ist sie durch eine traditionelle Wertorientierung geprägt. Demgegenüber ist das technokratische Milieu innerhalb der Funktionselite, dem der Vater zuzurechnen ist, durch eine moderne Werteauffassung gekennzeichnet. (vgl. Hofmann 2010: 11) Die Namensgebung des ältesten Sohnes ist weniger traditionell. „Jan" gehört 1969 zu den gängigsten Vornamen. Der Bruch in der Namensgebung der Kinder zwischen 1969 und 1971 kann als Hinweis interpretiert werden, dass sich der Vater zunehmend aus dem familiären Bewährungsfeld zurückzieht und sich möglicherweise stärker seinem Beruf zuwendet.

Zwischenfazit
B. gehört einer Generation an, deren Angehörige zum Zeitpunkt ihrer Adoleszenzkrisenbewältigung von den Erwachsenen sich selbst überlassen und deren Identitätsentwürfe infolgedessen diffus bleiben. Sie erlebt die Ent- und Abwertung ostdeutscher Biografien und den darauffolgenden Rückzug ihrer Eltern, was ihnen die Ablösung aus der Herkunftsfamilie erschwert und eine pessimistische Grundstimmung zu Eigen werden lässt. Anstatt gegen die Eltern zu rebellieren, solidarisieren sie sich mit ihnen. Die Übergangsgeneration kann nicht erwachsen werden. Damit entkoppelt sie sich vom Rest der Gesellschaft und entwickelt einen Habitus, der sich als eine Art Indifferenz gegenüber gesellschaftlichen Erwartungen beschreiben lässt. Ein solcher Habitus birgt eine beträchtliche Gefahr für das Gesellschaftssystem in sich, weil eine ganze Generation für die Erhaltung

---

55 „Uwe" galt zwischen 1930 und 1960 als einer der 35 beliebtesten Vornamen in Deutschland (vgl. Vgl. URL: http://www.beliebte-vornamen.de [24.11.2013]). Für Ende der 1970er Jahre ist er eher als antiquiert zu betrachten. Ähnliches gilt für die Namensgebung des älteren Bruders.

und Erneuerung der Gesellschaft ausfällt. Für die Eröffnung und Schließung zukünftiger Handlungsräume bedeutet eine solche generative Einbettung eine schwache pflichtenethische und solidarische Bindung an die staatsbürgerliche Gemeinschaft.

Wesentlich an der siedlungsräumlichen Einbettung für die Rekonstruktion der Bildungsgeschichte von B., insbesondere für die Offenlegung beruflicher Optionen und Vergemeinschaftungsmöglichkeiten, ist der wissenschaftlich-technische Charakter der Stadt Jena und die vergleichsweise hohe Qualifikation der Einwohner sowie die starke Rechts-Links-Polarisierung der Jugendszene. Die sozialdemokratische Wählerpräferenz verdeutlicht die starke Prägung Jenas durch das traditionellen Arbeitermilieu.

Für das Herkunftsmilieu lässt sich konstatieren, dass die Eltern Bildungsaufsteiger ins sozialistische Establishment sind. Die Mutter gehört dem (bürgerlich-) humanistischen Milieu an, welches durch Tugenden der protestantischen Ethik, wie Pflichtenerfüllung, Disziplin und Berufsorientiertheit, durch gesellschaftliche Verantwortungsübernahme, Familien- und Traditionsbezogenheit und eine stark ausgeprägte sozialistische Grundhaltung gekennzeichnet ist (vgl. Hofmann 2010: 11). Der Vater ist dem technokratischen Milieu angehörig, dass sich durch Effizienz- und Erfolgsorientierung, durch Streben nach Perfektion und durch ein technokratisches Weltbild auszeichnet (vgl. ebd.). Als Angehörige der sozialistischen Funktionselite fühlen sich die Eltern dem Staat verpflichtet und verhalten sich deshalb ihm gegenüber bis mindestens in die 1980er Jahre äußerlich loyal. Für den Vater ist aufgrund seiner noch bürgerlichen Erziehung und seiner Zugehörigkeit zur Schicht der technischen Intelligenz von einer nach innen gekehrten systemskeptischen Haltung auszugehen. Nach der Wende bricht das Herkunftsmilieu der Eltern weg. Damit entfallen für B. die privilegierten Chancen, im Milieu zu verbleiben.

Als Letztgeborener der Familie kommt B. die Position des Benjamins, der von hohen Erwartungen der Eltern weitgehend verschont bleibt und verwöhnt wird, zu. Dies ermöglicht ihm eine ungestörte und relativ pflichtenfreie Entwicklung. Aufgrund des großen Altersabstands zu seinen Brüdern wächst er eher wie ein Einzelkind auf. Die Geschwister sind weder Spielkameraden noch Konkurrenten, sondern tendenziell Identifikations- und Bezugspersonen für ihn.

6.2 Lebenslauf

B. wird 1984 in die Polytechnische Oberschule (POS) eingeschult.
B. wird altersgerecht mit sechs Jahren eingeschult, so dass von einem normalen Entwicklungsstand auszugehen ist. Im einheitlichen DDR-Schulsystem stellt die staatliche POS die einzig mögliche Schulform dar. Privatschulen bzw. von nicht-staatlichen Trägern betriebene Schulen gibt es nicht. Lediglich für geistig und körperlich behinderte Kinder besteht die Möglichkeit einer Einschulung in eine staatliche Hilfsschule, die ebenfalls dem Programm der POS verpflichtet ist.

Erklärtes Bildungsziel der DDR ist die Erziehung der Kinder zu „sozialistischen Persönlichkeiten". Die Schüler erfahren in Anknüpfung an ihre Kindergartenerziehung den Ausbau des Freund-Feind-Schemas zwischen den sozialistischen „Bruderstaaten" und den kapitalistischen „Klassenfeinden". Neben der stark ideologischen Ausrichtung der Bildung stehen ab der fünften Klasse vor allem naturwissenschaftliche und technikaffine Fächer auf dem Lehrplan. In der Unterstufe (Klasse eins bis vier) werden Grundfertigkeiten, wie Lesen, Schreiben, Rechnen oder Heimatkunde vermittelt.

Mit dem Besuch der POS stehen B. alle Bildungschancen innerhalb der DDR-Gesellschaft offen. Der POS-Schulabschluss nach zehn Jahren stellt den Normalfall dar. Leistungsstarke Schüler können im Anschluss daran die Erweiterte Oberschule (EOS) besuchen, das Abitur ablegen und studieren. Die Auswahl der zukünftigen EOS-Schüler erfolgt neben dem Leistungskriterium in Abhängigkeit vom Bedarf an sozialistischer Intelligenz und der Systemloyalität der Familien.[56] Zudem besteht die Möglichkeit, das Fachabitur im Rahmen der Berufsausbildung abzulegen und im Anschluss zu studieren oder sich weiter zu qualifizieren. Leistungsschwache Schüler können die POS mit dem Abschluss der achten Klasse verlassen und in die Berufsausbildung übergehen.

Die Zugehörigkeit von Familie B. zum sozialistischen Establishment, dass sich ab den 1970er Jahren überwiegend aus sich selbst rekrutiert, und der Siedlungsraum Jena lassen erwarten, dass B. die Schule mit dem

---

56 Bei der Auswahl der Abiturienten kann das Leistungskriterium bei bestimmten systemaffinen Berufswünschen, z. B. Offizier, zurückgestellt werden.

Abschluss der zehnten Klasse beendet und eine Berufsausbildung mit Abitur in einem technischen Beruf absolviert oder die EOS besucht.
Im September 1988 wird der zweitälteste Bruder von B. tot vor der Haustür aufgefunden. Todesursache ist Unterkühlung.
Der Tod des Bruders stellt eine traumatische Krise im Leben von Familie Böhnhardt dar. B. verliert eine enge Bezugsperson, die ihn bis dahin sein ganzes Leben begleitete. Der große Altersabstand zwischen beiden Geschwistern dürfte sich tendenziell krisenmildernd auswirken, weil beide nicht so viele gemeinsame Erlebnisse miteinander teilen, wie es bei einem fast gleichaltrigen Geschwisterteil zu erwarten ist.

Entscheidend für den weiteren Individuierungsverlauf von B. ist nicht der Tod an sich, sondern die subjektive Repräsentanz dieses Ereignisses. Da die Sinninterpretationskompetenz im Alter von zehn, fast elf Jahren noch nicht voll ausgebildet ist, bedarf B. der Deutungs- und Krisenlösungsunterstützung, vornehmlich durch seine Eltern. Ein begünstigender Umstand ist der Zeitpunk seines ontogenetischen Entwicklungsstandes. B. befindet sich in der Latenzphase, so dass die Bewältigung des Todes nicht mit ontogenetisch bedingten Ablösungskrisen einhergeht, die durch das Trauma zusätzlich verschärft worden wären.

Der Vater kann zum Entwurf von Lösungsalternativen unter Umständen auf früheste Kindheitserlebnisse zurückgreifen, wenn seine Herkunftsfamilie Verluste zu Ende des Zweiten Weltkrieges zu beklagen hatte und sie adäquat bewältigen konnte. Einschränkungen der elterlichen Bewältigungskompetenz ergeben sich daraus, dass der Bruder von B. zugleich der Sohn der Eltern ist, die sich durch dessen Tod selbst in einer traumatischen Krise befinden. Als krisenverschärfend sind weiterhin die Todesumstände anzusehen.

Die Eltern behaupten, ihr Sohn sei von einer Burgruine gestürzt oder geschubst worden, auf der er mit Freunden umherkletterte. Seine Freunde sollen ihn vor der Wohnungstür der Eltern abgelegt haben. Peter habe beim Fall mehrere Knochenbrüche erlitten und sei an einer Unterkühlung gestorben. Bei der Obduktion sei eine Alkoholisierung festgestellt worden. Die Polizei habe den Vorfall nie aufklären können. Die Darstellung der Eltern wird durch keine andere Quelle, v. a. durch keine parlamentarische Kommission, bestätigt. Bei der Analyse der Todesumstände kommen Zweifel an der Erklärung der Eltern auf. Bei einem Jugendlichen, der mit mehrfachen Knochenbrüchen tot vor einem Wohnblock gefunden wird, wäre es zunächst am naheliegendsten, anzunehmen, dass er aus dem Haus sprang, stürzte oder gestoßen wurde. Zudem lassen sich keine nachvollziehbaren Gründe dafür finden, warum und wie der Schwerverletzte von der Ruine, die sich etwa einen halben Kilometer von der elterlichen Wohnung befindet, weggeschafft wurde. Angenommen der Verletzte wog 65 bis 70 kg, wie soll er über eine Distanz von einem halben Kilometer getragen worden sein? Es gab in der DDR kaum Jugendliche, die bereits einen Pkw besaßen, mit dem Peter Böhnhardt hätte transportiert werden können. Noch viel fragwürdiger ist das Motiv für die Ortsverlagerung. Warum haben die Freunde, wenn sie Angst vor möglichen Konsequenzen hatten, nicht anonym den Notarzt gerufen oder den Verletzten an eine gut einsehbare Stelle nahe der Ruine gelegt, wo er zeitnahe gefunden worden wäre? Letztendlich ist eine empirisch fundierte Beurteilung der Todesumstände nicht möglich, weil außer den Aussagen der Eltern keine Daten vorliegen. Egal, ob die Eltern wussten oder ahnten, dass sich Peter Böhnhardt möglicherweise selbst umbrachte, sie eine Mitschuld am Tod trugen oder die Todesumstände tatsächlich ungeklärt waren, in jedem Fall wird die traumatische Verarbeitungskrise der Familie durch die Art und Weise des Todeseintritts verschärft. Der Zweifel der Eltern über die Todesumstände oder das subjektive Eingeständnis einer Mitschuld minimiert die Chance, den Tod abschließend zu bewältigen. Die sozialisatorischen Interaktionsstrukturen sind mit hoher Wahrscheinlichkeit ab diesem Ereignis von der Dauerkrise des unbewältigten Todes des zweiten Sohnes geprägt, die bei Verbleib von B. in der Familie Sozialisationsdefizite erwarten lässt. Der Hang des technokratischen Milieus zum Pragmatischen und die nahezu protestantische Ethik des bürgerlich-humanistischen Milieus offerieren den Eltern eine Bewältigungsstrategie der Art „Augen zu und durch". Sie werden mit starkem Engagement ihren beruflichen und gesellschaftlichen Pflichten nachkommen und der gemeinsamen emotionalen Verarbeitung des Todes innerhalb der Familie wenig Raum geben. Die Interaktion wird vom Schweigen der Eltern über den Tod geprägt sein.[57]

---

[57] In ihrer Vernehmung im „NSU-Prozess" weigert sich die Mutter von B. zunächst Aussagen zum Tod des Bruders zu machen, weil es für sie zu belastend sei. Nach Ermahnung durch den Richter sagt sie, dass es für alle ein

B. wird 1990 nicht versetzt und muss die sechste Klasse wiederholen. Nach Abschluss des Schuljahres 1990/1991 wird er in die siebente Klasse versetzt.
   B. bricht im Schuljahr 1989/90 im Alter von zwölf Jahren aus der Normalität aus. Die Nichtversetzung bedeutet einerseits, dass er ein Jahr länger in der Schule verweilen muss und gegenüber seiner Kohorte damit in Individuierungsrückstand gerät, und andererseits, dass er Anerkennungsverluste als „Sitzenbleiber" erfährt.

Das „Sitzenbleiben" kann primär nicht mit kognitiven Defiziten, im Sinne einer Intelligenzminderung, erklärt werden, sondern deutet eher auf Probleme in der Subjektwerdung hin. Die altersgerechte Einschulung von B. und bis dato fehlende Schwierigkeiten mit dem Erreichen des jeweiligen Klassenziels lassen keine kognitiven Mängel erkennen. Es liegen zwei Hypothesen bezüglich der Motivation für den schulischen Einbruch nahe. Einerseits könnte er Folge der Transformation der ostdeutschen Gesellschaft und der daraus resultierenden Verunsicherung der Eltern, die sich auf Böhnhardt überträgt, sein. Gegen diese Annahme spricht, dass beide Elternteile ihre Arbeit über die Wende behielten und keine biografischen Brüche in ihren Lebensläufen erkennbar sind. Der Vater wird im neuen Gesellschaftssystem eher noch in seinem Berufsprestige und seinen Einkommensmöglichkeiten aufgewertet. Die Milieuzugehörigkeit der Eltern schützt sie vor einem sozialen Abstieg. Das sozialistische Establishment ist das DDR-Milieu, welches durch die Wende so gut wie keine Verluste in Bezug auf ihre soziale Positionierung in der Gesellschaft erfahren hat (vgl. Hofmann 2010: 6).

Eine zweite Hypothese für den schulischen Einbruch würde sich in die bisherige Rekonstruktion nahtlos einfügen. Das Sitzenbleiben könnte Folge des prognostizierten Sozialisationsdefizits, welches aus dem unbewältigten

---

traumatisierendes Ereignis war. B. habe trauern dürfen und sie als Eltern haben die Starken sein müssen. (vgl. http://www-nsu.watch.info/2013/11/protokoll-58-verhandlungstag-20-november-2013 [02.01.2014]) In dieser Äußerung und der Tatsache, dass sie nicht über den Tod sprechen wollte, manifestiert sich die unvollendete und damit inadäquate Bewältigung der traumatischen Krise sowie das Schweigen über das Ereignis. Da diese Information Kontextwissen, resultierend aus einer subjektiven Interpretation der Mutter, darstellt und nicht den objektiven Lebensdaten zu entnehmen ist, fließt sie nicht in die Analyse mit ein.

Tod des Bruders innerhalb der Familie resultiert, sein. Bei Zutreffen dieser Lesart markiert das schulische Scheitern die individuelle Krise, in der sich B. aufgrund dessen befindet und die er wegen unzureichender Befähigung zu autonomen Handeln nicht selbständig lösen kann. Er verweigert sich der schulischen Leistungsethik und damit dem beruflichen Bewährungsfeld der Mutter. Damit grenzt er sich einerseits von ihr ab, sichert sich aber zugleich ihre Zuwendung und konterkariert damit seinen Ablösungswunsch. Dieser Ablösungswunsch ist Folge der vom Tod des Bruders belasteten pathologischen familialen Interaktionsstruktur, aus der er ausbrechen will, und dem Voranschreiten seiner Ontogenese.

Fraglich ist, ob nicht bereits vor dem Tod von Peter Böhnhardt Störungen in der familiären Interaktion vorlagen, die eine adäquate Bewältigung des Traumas zusätzlich erschwert bzw. verhindert haben. Der Lebenslauf von B. bietet dafür keine Anhaltspunkte. Es gibt jedoch einige Indizien in den familialen Kontextdaten, die dahingehend gedeutet werden können. Zum ersten besteht eine Hypothese hinsichtlich des großen Altersabstands von B. zu seinen Geschwistern in ehelichen Problemen. Zum zweiten kann in der Namensgebung der drei Kinder eine Tendenz zum Antiquierten, was als zunehmende Dominanz der werttraditionell geprägten Mutter bei Rückzug des Vaters interpretiert wurde, festgestellt werden. Ein schwacher Vater wirkt sich negativ auf die Lösung der Mutter-Kind-Symbiose aus, die bei B. als Nesthäkchen der Familie tendenziell ausgeprägter als bei seinen Geschwistern ist. Ein Vater, der seine Vaterrolle nicht oder nicht ausreichend ausfüllt, erschwert seinem Kind die Überwindung der ödipalen Krise, weil es eine Eifersucht erleben muss, um den Wunsch zu haben, sich aus der Vater-Mutter-Kind-Triade zu lösen. Wenn der Vater schwach ist, ist diese Eifersucht nicht sehr stark ausgeprägt und in dessen Folge das Kind nicht zur Ablösung motiviert. Bei Zutreffen dieser Deutungsmöglichkeit wäre auch erklärbar, warum die Abweichung von der Normalität in der Schule, dem beruflichen Bewährungsfeld der Mutter, auftritt. Sie ist dann als spezifische Ausformung der behinderten Ablösung von der Mutter zu interpretieren. Zum dritten könnte der zeitige Auszug und die zeitige Familiengründung des ältesten Sohnes im Alter von 18 Jahren für eine vor dem Tod bestehende Pathologie in den sozialisatorischen Interaktionsbedingungen sprechen. Eine frühe Familiengründung stellt allerdings für DDR-Verhältnisse nichts Außergewöhnliches dar. Zum vierten würde ein möglicher Suizid des mittleren Sohnes und schlussendlich seine Trunkenheit zum Zeitpunkt seines Sturzes diese Hypothese unterstützen, wobei letzteres ein schwaches Indiz darstellt, weil Alkoholgenuss unter Jugendlichen keine Seltenheit darstellt und nicht zwingend auf ein Alkoholproblem schließen lässt.

B. gelingt es, vermutlich durch die verstärkte Zuwendung seiner Mutter, die sechste Klasse zu bestehen, so dass ihm nach wie vor alle Bildungswege offen stehen. Die Stigmatisierung als „Sitzenbleiber" führt möglicherweise zu Schwierigkeiten in der peer-group-Einbindung, die im Latenzzeitalter eine herausgehobene Stellung besitzen, weil die Kinder in ihr den Aufbau diffuser Sozialbeziehungen außerhalb ihrer Primärfamilie erlernen und Rollenambiguität im Rahmen spezifischer Beziehungen einüben. Sollte die Hypothese der pathologischen sozialisatorischen Interaktionsbedingungen in der Familie zutreffend sein, sind ohne pädagogische Intervention von außen weitere Abweichungen von der Normalität zu erwarten, die während der Adoleszenzkrise ihren Höhepunkt finden werden.

Im September 1991 wechselt B. von der POS auf die Regelschule und strebt den Realschulabschluss an.

Der Schulwechsel basiert nicht auf einer selbst herbeigeführten Entscheidung von B. und seinen Eltern, sondern wird aufgrund der Transformation des ostdeutschen Schulsystems erzwungen. War die Bildungskarriere in der DDR weitestgehend vorbestimmt, gerät B. nun unter Individualisierungsdruck. Begünstigend auf die Lösung der Entscheidungskrise wirkt sich hier der Beruf der Mutter aus, die als Lehrerin die neuen Bildungswege und ihre Folgen für die zukünftige berufliche Tätigkeit besser abschätzen kann, als Eltern, die keinen Bezug zum Bildungssystem aufweisen.

Objektiv stehen B. drei Möglichkeiten für den Fortgang seiner Bildungskarriere zur Verfügung. Er kann auf das Gymnasium wechseln und das Abitur ablegen oder die Regelschule besuchen und sich für einen Hauptschul- oder Realschulabschluss entscheiden. Vor dem Hintergrund seines Herkunftsmilieus und der beruflichen Qualifikation der Eltern sowie seinen Lernschwierigkeiten in der sechsten Klasse strebt er erwartungsgemäß den Realschulabschluss an. Die Entscheidung gegen das Gymnasium ist bei seinen Lernschwierigkeiten als rational zu bewerten. Dass er die Alternative des Hauptschulabschlusses ablehnt, untermauert die These, dass er nicht aufgrund kognitiver Defizite, sondern wegen Problemen in der Subjektwerdung die sechste Klasse wiederholen musste.

Anders als die Gymnasiasten, die sich dem neuen Staat aufgrund ihrer verbesserten Bildungschancen verpflichtet fühlen, und die Hauptschüler, die eine Abwertung erfahren, was die Bindung an den neuen Staat schwächt, setzt B. seinen ursprünglich eingeschlagenen Bildungsweg fort, so dass von einer Indifferenz gegenüber dem neuen Staat auszugehen ist. Der Schulwechsel lässt ihn in seiner peer-group-Wahl auf weniger erfolgsmotivierte Schüler, die die Realschule einem Gymnasium vorgezogen haben, treffen.

Ab 1992 begeht B. fortgesetzt, meist in Gemeinschaft mit anderen Jugendlichen, Autoaufbrüche und -diebstähle sowie Einbrüche. Er fährt die entwendeten Fahrzeuge ohne Fahrerlaubnis und schwänzt die Schule. Während einer Wohnungsdurchsuchung leistet er gegenüber einem Polizisten körperlichen Widerstand.

Die Hypothese, dass B. durch weitere Normalitätsabweichungen auffallen wird, bestätigt sich. Das sich in den Taten manifestierende fehlende moralische Bewusstsein kann durch eine delinquente Sozialisation oder eine Sozialisationsstörung, im Sinne einer eingeschränkten Befähigung zur autonomen Krisenbewältigung, motiviert sein. Die erste Lesart lässt sich an Hand der Daten nicht bestätigen. Zwar herrscht zwei Jahre nach dem Beitritt der DDR zur Bundesrepublik noch immer Orientierungslosigkeit hinsichtlich des neuen Normen- und Gesetzessystems, jedoch zählt Diebstahl zu dem Straftatenbestand, der in beiden Gesellschaftssystemen unter Strafe gestellt ist. Die Lebensläufe der Eltern schließen zudem eigene kriminelle Karrieren aus, an denen sich B. hätte orientieren können. Die sparsamere Lesart ist die des Sozialisationsdefizits. Die Delinquenz lässt sich als Ausdruck der Zuspitzung der rekonstruierten Ablösungsproblematik deuten. Insbesondere in seinen Spritztouren mit den gestohlenen Fahrzeugen fern ab der Heimat – er wurde beispielsweise mal an der Ostsee oder in Österreich festgestellt – manifestiert sich sein Wunsch, aus der Familie auszubrechen. Aufgrund seiner Sozialisationsdefizite verfügt B. nicht über genügend Autonomie, um sich auf sozial adäquate Art und Weise zu lösen. Sein Dilemma besteht darin, dass er die erforderliche Autonomie nur erwerben kann, indem er sich in der eigenständigen Krisenbewältigung einübt, woran ihn jedoch die starke Bindung an die Mutter hindert.

Die Ambivalenz in der Ablösungsproblematik verunsichert B., schwächt sein Selbstvertrauen und frustriert, was ihn motiviert, mit noch drastischeren

Mitteln auf sein Problem aufmerksam zu machen. Ohne pädagogische Intervention von außen ist zu befürchten, dass B. eine delinquente Karriere einschlagen wird. Aus der überwiegend gemeinschaftlichen Tatbegehung ist zu schlussfolgern, dass er sich einer delinquenten peer-group angeschlossen hat, die eine solche Karriere befördert, weil B. über die Taten in ihr Anerkennung erfährt.

Im April 1992 kommt B. für wenige Wochen ins etwa 50 km entfernte Kinderheim Burgk. Nach dem er wegen fortgesetzter Begehung von Straftaten aus dem Heim verwiesen wird, kehrt er ins Elternhaus zurück.

Dieses Lebensdatum offenbart das endgültige Scheitern der familialen Sozialisation. Am wahrscheinlichsten ist es, dass B. durch eine Entscheidung seiner Eltern ins Heim gekommen ist. Würde es sich um eine Anordnung des Jugendamts gegen den Willen der Eltern handeln, hätten familientherapeutische Interventionsmaßnahmen vorausgehen müssen. Dazu gibt es in den biografischen Daten keine Informationen. Zudem wäre ein Verweis aus dem Heim im Falle einer jugendamtlichen Einweisung wenig wahrscheinlich. Vielmehr wäre zu erwarten gewesen, dass B. in eine andere Einrichtung verlegt worden wäre (Stichwort Heimkarriere).

Für die Mutter bedeutet die Heimunterbringung eine Selbstentlastung, die sie von der immanenten Bedrohung ihres Selbst befreit, nicht nur als Mutter, sondern auch als Pädagogin versagt zu haben. Nach dem Heimverweis kann sie nun argumentieren, dass selbst die pädagogischen Experten B. nicht in Griff bekommen haben.

Dass B. weiterhin Straftaten begeht und die Schule schwänzt, zeigt, dass er gegen die Heimunterbringung rebelliert und sich durch die Eltern abgeschoben fühlt. In seinem Handeln objektiviert sich der Wunsch nach einer Rückkehr ins Elternhaus und es offenbart sich die bereits erörterte Ambivalenz in seiner Ablösungsproblematik. B. verspürt den Wunsch, sich zu lösen, ist dazu aber nicht befähigt, weil seine Autonomiepotentiale infolge der starken Bindung an die Mutter zu schwach entwickelt sind. Die starke Bindung treibt ihn immer wieder zur Mutter zurück. Mit seinem dem Heimverweis zu Grunde liegenden Verhalten und der Rückkehr in seine Familie und sein soziales Umfeld vergibt B. die Chance, seine eingeschränkte bzw. beschädigte Interpretationskompetenz zu schärfen und seine Sozialisationsdefizite aufzuholen. Auch in dieser fehlenden Einsichtsfähigkeit offenbart sich der geringe Stand seiner Subjektwerdung.

In der Rückkehr ins Elternhaus manifestiert sich auch das Versagen der staatlichen Interventionspraxis. B. wird sich selbst überlassen. Man hätte alternativ versuchen können, ihn in eine betreute Wohngemeinschaft zu integrieren, nach anderen Möglichkeiten suchen können, ihn aus den pathologischen Interaktionsstrukturen der Familie herauszulösen oder Einfluss auf die Binnenstruktur zu nehmen. So ist jedoch zu erwarten, dass sich seine Delinquenz reproduzieren und er möglicherweise zu noch drastischeren Abgrenzungsmitteln greifen wird.

Im Juli 1992 beginnt B. damit, einen 16-jährigen Jugendlichen fortgesetzt unter Androhung von Gewalt zu erpressen.

Die Hypothese über den weiteren Individuierungsverlauf bestätigt sich. Indem B. nun nicht mehr nur Gewalt gegen Sachen, sondern auch gegen eine Person einsetzt, begehrt er mit noch drastischeren Sittlichkeitsverletzungen auf. Während die Autodiebstähle einen jugendtypischen Erlebnischarakter implizierten und die Einbrüche vermutlich der Beschaffung von Alkohol, Zigaretten und sonstigem „Partyzubehör" dienten, lässt die Erpressung neben sozialen Anerkennungsmotiven auch ein gehöriges Aggressionspotential erkennen, das Folge der Verunsicherung von B. aufgrund der Ablösungsproblematik oder eines zu hohen Erwartungsdrucks sein kann. Letzteres dürfte unter Einbeziehung seiner Geschwisterposition eher eine untergeordnete Rolle spielen. Das Herkunftsmilieu, insbesondere die Pflichtenethik der Mutter, legen diese Lesart wiederum nahe.

Ende des Schuljahres 1991/92 wird B. nicht in die achte Klasse versetzt. Er wechselt daraufhin an eine Lernförderschule.

Das Nichterreichen des Klassenziels dürfte im Wesentlichen durch das Schulschwänzen und die sozialisatorisch bedingte Pathologie, die sich sicherlich auch in Verhaltensauffälligkeiten im Schulalltag manifestiert, zu erklären sein. B. ist seinem Jahrgang nun schon um zwei Jahre zurück. Der Schulwechsel kann entweder auf Antrag der Eltern oder des Schulleiters der bisherigen Schule erfolgt sein. B. hätte nach Maßgabe der Thüringer Schulordnung[58] die siebente Klasse noch ein weiteres Mal

---

58 Die Thüringer Schulordnung trat erst am 01.08.1993 in Kraft, d. h. nach dem hier interpretierten Datum. Aufgrund des langwierigen Prozesses des Gesetzgebungsverfahrens ist jedoch davon auszugehen, dass bis zum Inkrafttreten des Gesetzes eine sinnadäquate Übergangsregelung galt.

wiederholen können. Wäre er dann erneut nicht versetzt worden, hätte er in eine Klasse wechseln müssen, die auf den Erwerb des Hauptschulabschlusses vorbereitet (vgl. §55 ThürSchulO (1993)). Wäre eine Lernbehinderung die Ursache für das Verhalten von B., wäre der Wechsel auf die Förderschule als äußerst rational zu bewerten, weil B. aufgrund der dort stattfindenden Förderung bessere Chancen für den Erwerb des Realschulabschlusses findet. Da die Analyse der Lebensdaten aber eine Sozialisationsstörung und keine Lernbehinderung zu Tage förderte, ist der Schulwechsel als kontraproduktiv zu bewerten. Er wird die Devianz von B. eher verstärken als mindern. Die Mutter nimmt B. nun unter die Fittiche ihres Berufsstandes (Sonderpädagogen) und bindet ihn damit noch stärker an sich. Sie macht ihren Sohn zum pädagogischen Fall, worin sich einmal mehr ihr Scheitern als Mutter, aber auch als Pädagogin zeigt. Sie nimmt ihren Sohn die Chance, eigene Autonomiepotentiale zu aktivieren, um sich auf einer Realschule zu behaupten, was der Entstehung von Selbstbewusstsein und Selbstvertrauen abträgig ist und seine Autonomieentwicklung weiter behindert. B. kommt auf der Lernförderschule verstärkt mit abweichenden Jugendlichen zusammen, was seiner kriminellen Karriere eher förderlich ist.

Anfang 1993 bricht B. in seine Schule ein und erhält daraufhin einen Schulverweis.

Die Fallstruktur der permanenten Steigerung der Sittlichkeitsverletzungen als Antwort auf sein Ablösungsdilemma reproduziert sich. Ein Einbruch in die eigene Schule stellte einen schweren Vertrauensbruch dar. Straftaten im sozialen Nahbereich gelten als Tabu. Objektiv bedeutet er, dass sich B. gegen die Beschneidung seiner Autonomie durch seine Mutter zur Wehr setzt und sich der Förderschule nicht zugehörig fühlt. Dass ein sofortiger Schulverweis erfolgt, lässt darauf schließen, dass es bereits zuvor zu Verhaltensproblemen an der Schule gekommen ist. In dem Verweis manifestiert sich das Scheitern der pädagogischen Praxis, womit zu konstatieren ist, dass alle sozialisatorischen Handlungspraxen – Familie, Schule und staatliche Jugendhilfe – versagt haben und B. in der Bewältigung seiner individuellen Krise allein gelassen wird. Die Lücke kann durch peer-group-Cliquen geschlossen werden. Da B. aller Wahrscheinlichkeit nach vorwiegend mit devianten Jugendlichen verkehrt, ist zu befürchten, dass sich sein negativer Sinnentwurf verfestigt.

B., der seine gesetzliche Schulpflicht noch nicht erfüllt hat, hat nach dem Verweis die Option, wieder an eine Regelschule oder an eine andere Förderschule zu wechseln. Nach Beendigung des Schuljahres hat er neun Jahre Schule hinter sich und kann das zehnte Pflichtjahr an einer berufsbildenden Schule absolvieren.

Im Februar 1993 wird B. für drei Monate in Untersuchungshaft genommen. Er liegt mit einem organisierten Rechtsextremisten auf einer Zelle. Während der Haft bastelt er zusammen mit Mithäftlingen eine Rohrbombe und beteiligt sich an der Misshandlung eines anderen Häftlings. Daraufhin wird er in den Erwachsenenvollzug verlegt. Am Ende der Haft wird er zu einer Bewährungsstrafe von einem Jahr und zehn Monaten verurteilt.

In der Untersuchungshaft reproduziert sich die Fallstruktur von B. Er reagiert auf die abrupte Herauslösung aus dem Elternhaus mit delinquentem Handeln, was ihm die Anerkennung und Zuwendung seiner Mithäftlinge einbringt und seine Verunsicherung kompensiert. Mit der Verlegung in den Erwachsenenvollzug scheitert neben der familiären, pädagogischen und staatlichen Interventionspraxis auch der Jugendvollzug. B. wird ein weiteres Mal abgeschoben und sich selbst überlassen. Als 15jähriger unter erwachsenen Häftlingen sind Demütigungen und/oder Übergriffe durch die körperlich überlegenen Gefangenen zu erwarten, was das Selbstvertrauen weiter mindert und die Frustration ansteigen lässt.

B. trifft während seiner Haft auf einen organisierten Rechtsextremisten als Zellenmitbewohner.[59] Mit dem Basteln der Rohrbombe deutet sich ein erster Assimilationsversuch organisiert rechtsextremistischer Handlungspraxis an. B. erfährt infolge seiner Verurteilung zu einer Jugendstrafe von einem Jahr und zehn Monaten Bewährung eine erste Einschränkung in seiner Ausbildungs- und Berufswahl. Er ist für mindesten fünf Jahre im Bundeszentralregister erfasst, was eine Ausbildung im öffentlichen Dienst für die nächsten fünf Jahre ausschließt.

Bis zum Ende des Schuljahres 1992/93 besucht B. eine Schule in Jena-Winzerla. Er beendet seine Schulkarriere ohne Abschluss.

---

59 Der Anteil an rechtsextremen Häftlingen beträgt zwischen 1993 und 1995 in manchen Jugendhaftanstalten 30 bis 50% (vgl. Jaschke/Rätsch/Winterberg 2001: 101).

B. sitzt seine gesetzliche Schulpflicht ab. Hier zeigt sich erneut, dass er durch sämtliche Sozialisationsinstanzen aufgegeben wird. Vor dem Hintergrund der Bildungskarrieren seiner Eltern muss er seine Schulkarriere als gescheitert ansehen, was seinen geringen Grad an Selbstvertrauen und -bewusstsein weiter schwächt und sein Aggressionspotential wachsen lässt. Er verlässt die Schule mit dem Abschluss der siebenten Klasse, der nicht ausreichend ist, um den Hauptschulabschluss zu erwerben. Da er die Alternative, sein letztes Pflichtschuljahr an einer Schule zu verbringen, verwirft, verbleibt ihm nur die Option für ein Jahr eine berufsbildende Schule zu besuchen. Diese Entscheidung offenbart eine fehlende Erfolgsorientiertheit und das fehlende Vermögen, selbstverantwortlich seine Eigeninteressen durchzusetzen – mithin seinen geringen Individuierungsgrad.

Im August 1993 schlägt B. den Jugendlichen, den er erpresste, einen Tag nach der Hauptverhandlung in dieser Sache derart zusammen, dass dieser mit Kopfverletzungen stationär im Krankenhaus aufgenommen werden muss.

Das Scheitern der Bildungskarriere kompensiert B. durch eine nochmalige Steigerung seiner Aggressivität, worin sich die Fallstruktur ein weiteres Mal reproduziert. Zudem manifestiert sich auch in dieser biografischen Sequenz die Ablösungsproblematik. B. äußert mit der Tat den Wunsch, erneut inhaftiert zu werden, um der Mutter-Kind-Symbiose zu entrinnen.

Da der Vorfall einen Tag nach der Verhandlung und nicht unmittelbar danach geschieht, ist die Tat nicht mehr mit einer mangelnden Impulskontrolle erklärbar, sondern nur noch mit einem Sozialisationsdefizit im Sinne einer geschwächten sittlichen Bindung.

Aufgrund der gefährlichen Körperverletzung kommt B. im September 1993 ein weiteres Mal in Untersuchungshaft. Er wird nach einer Verurteilung zu einer Bewährungsstrafe von zwei Jahren Anfang Dezember 1993 nach drei Monaten entlassen.

Es sind keine Auffälligkeiten während seiner zweiten Inhaftierung bekannt, womit sich möglicherweise eine Strukturtransformation ankündigt.

B. absolviert ab Dezember 1993 bis zum Sommer 1994 das Berufsvorbereitungsjahr (BVJ).

Das BVJ ermöglicht B. als Schulabbrecher, der noch der gesetzlichen Schulpflicht unterliegt, einen Leistungsstand zu erwerben, der ihn befähigt, die Berufsschule zu besuchen und eine Ausbildung zu absolvieren.

Zudem kann er einen der Hauptschule gleichwertigen Abschluss innerhalb eines Jahres erwerben. Im Vergleich zur Benachteiligtenförderung, die alternativ für ihn bestanden hätte, wird das BVJ eher von lernschwachen als von geistig oder körperlich behinderten Jugendlichen besucht. Es stellt ein Auffangbecken für gescheiterte Jugendliche dar.

Ob B. einen hauptschuladäquaten Abschluss erwirbt, ist nicht bekannt. Er kann im Anschluss an das BVJ eine Berufsausbildung beginnen, als Hilfsarbeiter in das Erwerbssystem einsteigen oder keiner Arbeit nachgehen.

Es gibt keine Informationen darüber, ob B. das Berufsvorbereitungsjahr regelmäßig besucht. Sein befriedigender Abschluss lässt jedoch vermuten, dass er die Schule nicht mehr in dem Ausmaß schwänzt, wie in der Regel- und Förderschule. Es bleibt abzuwarten, ob sich hier die angekündigte Strukturtransformation seiner Persönlichkeit fortsetzt.

Als *Zwischenresümee* lässt sich konstatieren, dass für B. äußerst ungünstige Voraussetzungen für eine produktive Lösung der Adoleszenzkrise vorliegen. Aufgrund seiner Sozialisationsdefizite infolge der ungelösten Mutter-Kind-Symbiose und der unzureichend bewältigten traumatischen Krise, ausgelöst durch den Tod des Bruders, ist er in seiner Subjektwerdung nicht ausreichend auf die autonome Bewältigung komplexer Krisen vorbereitet, so dass zu erwarten ist, dass er entweder besonders rebellisch oder sich zurückziehend auf die letzte ontogenetische Krise reagieren wird. B. stehen lediglich informelle, in seinem Fall deviante peer-group-Cliquen unterstützend zur Seite. Seine Eltern sind Teil seines Problems und fallen somit als Bewältigungsressource aus. Die staatlichen Behörden der Jugendhilfe und des Jugendvollzugs haben ihn aufgegeben, das Herkunftsmilieu des sozialistischen Establishments, dass ihm Solidarität hätte gewähren können, existiert nicht mehr. Ihm bekannte formale Jugendorganisationen gibt es nach 1990 nicht mehr und die in Westdeutschland typische Vereinsstruktur hat sich in Ostdeutschland noch nicht etablieren können. Was bleibt, sind in erster Linie Wohngebietscliquen, die in Jena-Lobeda, dem Wohnort von B., zu Beginn der 1990er Jahre vor allem rechtsorientiert sind, nachdem sie aus dem Stadtzentrum in die Randgebiete verdrängt wurden. Auch Knastgruppierungen kommen in Frage.

B. ist vorbestraft und besitzt keinen oder einen hauptschulgleichwertigen formalen Bildungsabschluss, was eine positive Sinngebung im beruflichen Bewährungsfeld nicht erwartbar macht. Im Feld der Partnerschaft wirkt sich die starke Bindung an die dominierende Mutter hinderlich aus, so dass auch hier Probleme vermutet werden können. Eine positive Sinngebung und ein ausgeprägtes Engagement im dritten Bewährungsfeld, den staatsbürgerlichen Pflichten, ist an Hand der vorliegenden Daten nicht prognostizierbar. Im Unterschied zu den Bildungsaufsteigern früherer Generationen oder gleichaltriger Gymnasiasten hat B. keine Vorteile durch den Staat erfahren. Seine Gemeinschaftserfahrungen in der Kindheit, die ihn an den Staat binden könnten, hat er in der nicht mehr bestehenden DDR erlebt. Die Übergangsgeneration, der er angehört, kann sich noch nicht vollständig mit der Bundesrepublik identifizieren und steht ihr tendenziell indifferent oder ablehnend gegenüber. Zudem ist aufgrund der DDR-Sozialisation, die von einer ideologisch überformten anstelle einer an der Logik des besseren Arguments ausgerichteten Realitätswahrnehmung geprägt ist, von B. keine ausgeprägte politische Urteilsfähigkeit zu erwarten. Alles in allem bestehen in keinem der drei Bewährungsfelder günstige Voraussetzungen für B., weshalb mit erheblichen Schwierigkeiten im Erwachsenwerden zu rechnen ist.

Um April 1994 geht B. eine sozio-erotische Beziehung mit Beate Zschäpe (Z.) ein, die mindestens bis 1996 andauert.

B. macht seine ersten Erfahrungen im Bewährungsfeld der Partnerschaft. Z., eine familiär entwurzelte Kleinkriminelle (vgl. Schäfer/Wache/Meiborg 2012: 37ff.), absolviert zu jener Zeit eine Ausbildung als Gärtnerin. Sie weist in ihrer beruflichen Ausrichtung eine Gemeinsamkeit mit der Mutter von B. auf. Beide Frauen sind pflegend tätig, Z. in der Landschaftspflege, Brigitte Böhnhardt in der geistigen Pflege von lern- und körperbehinderten Kindern. Der nichtverwirklichte Berufswunsch von Z. – sie wollte Kindergärtnerin werden (vgl. Deutscher Bundestag 2013: 75) – verstärkt die Affinität zwischen beiden Frauen. Z. ist B. in ihrem Bildungsstand überlegen. Sie schloss als letzter Jahrgang die POS mit dem Abschluss der zehnten Klasse ab und besitzt damit einem dem Realschulabschluss vergleichbaren Bildungsstand.

Auffällig ist der Altersunterschied zwischen beiden. Z. ist fast drei Jahre älter als B. Eine solche Konstellation ist für Beziehungen im Jugendalter, in dem die Jungen in der Regel in ihrer Reife den Mädchen hinterher stehen, eher ungewöhnlich. B. ist im Jahr 1994 16 Jahre und Z. 19 Jahre alt. Dieser Beziehungsaspekt lässt zusammen mit dem überlegenen Bildungsstand die Hypothese zu, dass Z. die Partnerschaft dominiert, womit sich das Beziehungsmuster der Herkunftsfamilie reproduziert. B. wird auch in seiner sozio-erotischen Beziehung daran gehindert, seine Autonomiepotentiale zu stärken. Das lässt erwarten, dass er sich verstärkt den anderen beiden Bewährungsbereichen zuwendet.

Zwischen September 1994 und Sommer 1996 absolviert B. eine Berufsausbildung zum Hochbaufacharbeiter mit Spezialisierung Maurer in Jena.

Mit einem Berufsabschluss erhöht B. seine Chance auf ein langfristiges Beschäftigungsverhältnis und verbessert seine Verdienstmöglichkeiten im Vergleich zu einem Hilfsarbeiter. Sollte er den Hauptschulabschluss noch nicht im Berufsvorbereitungsjahr abgelegt haben, so erwirbt er mit Beendigung der Berufsschule in jedem Fall einen ihm gleichwertigen Abschluss. Hat er den Hauptschulabschluss bereits erworben, so erhält er mit Beendigung der Ausbildung einen dem Realschulabschluss gleichwertigen Abschluss, wenn er bestimmte Leistungsvoraussetzungen in der Berufsschule erfüllt und ausreichende Fremdsprachenkenntnisse besitzt (vgl. §8 ThürSchulG (1993)).

Aufgrund seines geringen Bildungsstandes scheiden Ausbildungen zu qualifizierten Berufen, die den Realschulabschluss erfordern, aus. Damit erfährt B. in dem entwicklungs- und technikorientierten Jena eine erhebliche Einschränkung des für ihn in Frage kommenden Lehrstellenangebotes. Gefragte Berufe in Jena sind beispielsweise Mechaniker, Medizintechniker oder Laboranten. Sie erfordern vorwiegend die mittlere Reife. Eine Ausbildung im öffentlichen Dienst scheidet für B. aus, weil er vorbestraft ist. Seine Milieueinbindung legt ihm am ehesten eine Lehrstelle im Dienstleistungssektor nahe. Das ehemalige sozialistische Establishment ist das DDR-Milieu, das am meisten von der Tertiärisierung Ostdeutschlands profitiert. B. hätte beispielsweise eine Ausbildung im Transportwesen oder der Gastronomie beginnen können. Der Siedlungsraum Jena eröffnet ihm zudem die Möglichkeit, einen Bauhandwerksberuf zu ergreifen. Bis 1994 boomt die Baubranche in Jena. Ab 1994 kommt es zu Konjunktureinbrüchen, auf die der Lehrstellenmarkt jedoch aufgrund der Dauer der Berufsausbildung nicht so schnell reagieren kann.

B. erlernt den Beruf eines Hochbaufacharbeiters. Mit der Berufswahl trifft er eine weichenstellende Entscheidung. Selbst wenn er später noch einmal einen anderen Beruf erlernen sollte, prägt ihn diese Wahl sein

Leben lang. Grundsätzlich besteht bei der Berufswahl die Möglichkeit, sich am Arbeitsmarkt oder an seinen individuellen Wünschen zu orientieren. Letzteres setzt eine ausgeprägte Autonomie, einen Selbstverwirklichungswillen und die Bereitschaft zur Mobilität voraus. B., der sich in seiner Wahl am Lehrstellenangebot des Siedlungsraumes Jena orientiert, ist dies abzusprechen. Er passt sich den äußeren Gegebenheiten an, was aufgrund der Rekonstruktion seiner bisherigen Subjektbildung und seiner Sozialisation nicht verwundert. Indem er in Jena lernt, kann er in seiner Herkunftsfamilie verbleiben.

Bauberufe stellen typisch männliche Berufe dar, die von schwerer körperlicher und schmutziger Arbeit in Abhängigkeit von der Witterung geprägt sind. Intellektuelle Fähigkeiten treten hinter handwerklichem Geschick zurück. B. hat als Bauarbeiter wenig Spielraum, seine Arbeit selbstgestaltend auszuüben. Beide Berufscharakteristika kommen der Persönlichkeit von B. entgegen. B. besitzt die Chance über handwerkliche Fertigkeiten Anerkennung im Beruf finden. Zudem werden keine übermäßigen Entscheidungen von ihm abgefordert. Für das Ideal der vollständigen Autonomie am Ende des primären Individuierungsprozesses bedeutet die Berufswahl eine Einschränkung. Der geringe Entscheidungsspielraum hindert ihn an der Stärkung seiner Autonomiepotentiale. In Hinblick auf seine Ablösungsproblematik ist die Berufswahl dennoch als gelungen zu bewerten. Er grenzt sich mit ihr sowohl vom Ingenieursberuf des Vaters als auch vom Lehrerberuf der Mutter ab. Der gute Berufsabschluss kann als Reaktion auf die Erfahrung der gelungenen beruflichen Ablösung gedeutet werden. Gemessen an seinem Herkunftsmilieu muss B. seinen erlernten Beruf als Scheitern betrachten. Er hat einen Statusverlust zu beklagen, der mit Deprivationserfahrungen einhergeht. Deprivation fördert Ressentiments und negative Sinngebung, so dass bis zum Ende der Adoleszenzkrisenbewältigung weitere Abweichungen zu erwarten sind.

Auf das zukünftige Bewährungsfeld der Partnerschaft wirkt sich der Bauberuf eher hinderlich aus. Als Bauarbeiter hat B. wenig Aussicht auf eine dauerhafte Festanstellung. Er ist stark von der Konjunkturlage abhängig. Sein Berufsleben wird eher von Gelegenheitsanstellungen und Montagearbeiten, die sich auf die Sommermonate konzentrieren, geprägt sein und ein hohes Maß an Mobilität von ihm verlangen. Die Arbeitsbedingungen und die schlechte Bezahlung lassen ihm wenig Raum für eine Familiengründung und -fürsorge. Verbleibt B. in der Partnerschaft mit Z. ermöglicht ihm sein Beruf, sich als Pendler partiell ihrer Dominanz zu entziehen und damit die subjektiv empfundene Frustration über die Subordination innerhalb der Beziehung abzuschwächen.

Die reguläre Beendigung der Ausbildung nach zwei Jahren und das gute Abschlussprädikat lassen vermuten, dass B. dem Berufsschulunterricht und der praktischen Arbeit nicht mehr in dem Maße fern bleibt, wie in der Schule. Insofern manifestiert sich an dieser Stelle die bereits angedeutete Strukturtransformation, die sich erstmals Ende 1993, während der zweiten Untersuchungshaft, ankündigte. Sie könnte erstens durch die Differenz zum Schulalltag und dem damit verbundenen engen Bezug zum Beruf der Mutter, der nicht mehr besteht, motiviert sein. Das würde bestätigen, dass sich in den Schulproblemen eine Rebellion gegenüber der Mutter objektiviert hätte. Zweitens könnte die Persönlichkeitstransformation in der Beziehung zu Z. begründet liegen. Die emotionale Zuwendung zu ihr schwächt die Bindung an die Eltern und den Einfluss der pathologischen familiären Interaktionspraxis. Wenn diese Lesart zutreffend ist, müsste die Beziehung bereits vor 1994 bestanden bzw. sich angebahnt haben. Eine dritte Möglichkeit besteht in einem möglichen Wechsel der peer-group. Während B. in der Schule als „Sitzenbleiber" immer ein Außenseiter war und sich infolgedessen einer devianten peer-group anschloss, ist er nun mit Jugendlichen zusammen, die eine ähnliche Bildungskarriere aufweisen und ihm das Gefühl von Normalität geben. Er muss sich in Ermangelung intellektueller Fähigkeiten nicht mehr über Devianz Anerkennung verschaffen, sondern kann sie über seine Körperkraft und handwerkliches Geschick erlangen.

Die Ausbildung zum Hochbaufacharbeiter ist eine gestufte Ausbildung. B. könnte nach seinem Ausbildungsabschluss eine Qualifizierung zum Mauerer absolvieren. Dazu müsste er ein weiteres Ausbildungsjahr anhängen und die Gesellenprüfung ablegen. Er hätte weiterhin die Option, eine Beschäftigung aufzunehmen. Allerdings haben sich die Beschäftigungschancen nach Schließung des „Fensters der Gelegenheit"[60] im Jahr

---

60 Die Wendezeit war von einem radikalen Beschäftigungsabbau bzw. -umbau, der v. a. Frauen, ältere und weniger qualifizierte Arbeitnehmer betraf, gekennzeichnet. Für eine kurze Zeit öffnete sich ein „Fenster der Gelegenheit", in der

1993, insbesondere für Arbeiter und Angestellte, verschlechtert. Der Konjunktureinbruch im Jahr 1994 lässt auch die Beschäftigungszahlen in der bis dahin boomenden Baubranche sinken und erschwert es B., als Neuankömmling auf dem Arbeitsmarkt eine Anstellung zu finden. B. könnte sich alternativ nach einer Anstellung in Westdeutschland umsehen. Zum einen ist der Arbeitsmarkt in den alten Bundesländern zu jener Zeit nicht diesen starken Schwankungen wie in Ostdeutschland unterworfen, zum anderen bestehen günstigere Verdienstmöglichkeiten. Sollte B. keine Beschäftigung finden, wäre eine Weiterqualifikation eine gute Möglichkeit eine Arbeitslosigkeit zu überbrücken und seine Chancen, den Status seines Herkunftsmilieus doch noch zu halten, zu verbessern. Dazu müsste er jedoch einen dem Realschulabschluss gleichwertigen Abschluss in der Berufsschule erlangt haben oder die mittlere Reife auf dem zweiten Bildungsweg nachholen. Aufgrund der bisher rekonstruierten mangelnden Erfolgsorientiertheit erscheint die Wahl dieser Option eher unwahrscheinlich. Der grundsätzlichen Möglichkeit, sich selbstständig zu machen, widerspricht seine bisher rekonstruierte Persönlichkeitsstruktur. B. besitzt weder die kognitiven Fähigkeiten noch das Autonomiepotential für einen solchen Schritt.

Ab 1994/1995 nimmt B. an Treffen der Anti-Antifa Ostthüringen und des Thüringer Heimatschutzes (THS) teil. Ab Mai 1995 tritt er in der organisierten rechtsextremen Szene öffentlich in Erscheinung (z. B. bei Aufmärschen oder Plakataktionen). Im Sommer 1995 wird er erstmals in Zusammenhang mit einer politisch motivierten Straftat festgestellt.

Der Beginn seiner Lehrausbildung und die Beziehung zu Z. fallen mit dem Abdriften in die rechte Szene zusammen. Damit erweist sich die Hypothese des peer-group-Wechsels als Motivation für die Strukturtransformation als wahrscheinlich. Die Delinquenz wird in Richtung eines rechtsextremen Sinnentwurfs kanalisiert. Sowohl die Anti-Antifa Ostthüringen als auch deren Nachfolger THS – die Umbenennung erfolgte um 1995 – sind informelle Zusammenschlüsse von rechten Kameradschaften und regionalen Gruppen in Thüringen.[61] Mit den rechtsextremistischen Aktivitäten grenzt

---

sich zahlreiche Chancen zu einer längerfristigen Beschäftigung auftaten, die es zu nutzen galt.
61 Zu Beschreibungen und Aktivitäten beider Gruppierungen vgl. Borstel/Heitmeyer 2012: 360 oder Deutscher Bundestag 2013: 94ff.

sich B. im Rahmen seiner Adoleszenzkrisenbewältigung vom neuen Staat, vom alten Staat, der sich über den Antifaschismus definierte, und von seinen Eltern, die zur Funktionselite der antifaschistischen DDR gehörten, in besonders hässlicher Weise ab. Ein solch drastischer Abgrenzungsversuch muss nach dem bisherigen Individuierungsverlauf nicht verwundern. Seine Erziehung zur „sozialistischen Persönlichkeit" macht ihn zudem anfällig für ein bipolares Weltbild, welches dem Rechtsextremismus immanent und unschwer an der Bezeichnung „Anti-Antifa" zu erkennen ist.

Im dritten Bewährungsfeld fällt B. mit einem negativen Sinnentwurf auf, der jegliches staatsbürgerliche Verantwortungsgefühl vermissen lässt. Im Unterschied zu einer parteipolitischen Betätigung, beispielsweise in der NPD oder DVU, bewegt sich B. als Angehöriger einer rechtsextremistischen Gruppierung nicht mehr im Rahmen der freiheitlich demokratischen Grundordnung. Dass B. eine politisch rechte Sozialisation erfuhr, ist aufgrund der Milieuzugehörigkeit seiner Eltern auszuschließen. Folglich ist er im Rahmen seiner jugendlich-adoleszenten Vergemeinschaftungssuche an eine rechte Clique geraten – möglicherweise über Z. oder Mitauszubildende oder während seiner ersten Untersuchungshaft.[62]

B. begeht weiterhin Straftaten, zunächst sind es Propagandadelikte, später Gewalttaten (vgl. Deutscher Bundestag 2013: 80ff.). Der Wechsel vom Deliktsbereich der Eigentumskriminalität zu Propagandadelikten untermauert die These, dass B. nicht politisch rechts sozialisiert ist, sondern sich bei den Taten an seiner jeweiligen peer-group orientiert und seine Kriminalität Folge fehlender Sittlichkeitsbindungen aufgrund seines Sozialisationsdefizits ist. Anders sieht es bei den Gewaltstraftaten aus, die er von Beginn an seiner kriminellen Karriere begeht. Gewalt scheint ein relativ stabiles Persönlichkeitsmuster zu sein, welches sich bereits vor Eintritt in die Adoleszenzphase ausbildete und aller Wahrscheinlichkeit nach auf die pathologische Interaktionspraxis im Elternhaus und die Deprivationserfahrungen in der Schule zurückzuführen ist. Seine Delinquenzkarriere lässt

---

[62] Fuchs/Goetz schreiben, dass B. bereits nach seiner ersten Haftentlassung zum Skinhead wurde und nachweislich ab 1993 Kontakte in die rechte Szene hatte. Er wurde in diesem Jahr auf der Geburtstagsfeier von Ralf Wohlleben, einem Aktivisten der Szene, gesehen. (vgl. Fuchs/Goetz 2012: 61)

neben einer Politisierung eine Militarisierung erkennen. B. fällt immer öfter wegen Verstößen gegen das Waffengesetz auf (vgl. ebd.: 78ff.).
Z. ist ebenfalls in der rechten Szene aktiv. Häufig beteiligt sie sich zusammen mit B. und weiteren Personen an Aktionen, was auf eine gemeinsame Cliquenzugehörigkeit schließen lässt (vgl. ebd.). Indem beide denselben negativen Lebensentwurf teilen, wird die Partnerschaft nicht durch die politische Gesinnung oder Konflikte bezüglich der Freizeitgestaltung belastet. Die Chance, die rechte Gesinnung zugunsten des Bewährungsfeldes der Paarbeziehung aufzugeben, besteht in einer Partnerschaft mit Z. nicht, so dass eher ein Festhalten an diesem Identitätsentwurf und ein sich wechselseitiges Bestärken zu erwarten ist.

Bei der Frage nach Alternativen der Vergemeinschaftung liegt die Anbindung an eine linke peer-group aufgrund der starken Rechts-Links-Polarisierung des Siedlungsraums Jena am nächsten. Ein solcher Anschluss hätte ein erhebliches Konfliktpotential in der räumlichen Umgebung von B. bedeutet. B., der in Jena-Lobeda, welches als Szenetreffpunkt rechter Jugendlicher gilt, wohnt, wäre der Gefahr ausgesetzt gewesen, Anpöbeleien, Schikanen oder auch körperliche Angriffe erdulden zu müssen. Ähnlich wie bei der Wahl der Lehrstelle passt sich B. den äußeren Bedingungen seines Siedlungsraumes an und offenbart ein weiteres Mal seine eingeschränkte Autonomie. Zudem hätte ein Anschluss an linke Gruppen keine Abgrenzung von seinen Eltern, die zur DDR-Funktionselite gehörten, bedeutet.

Im Juni 1996 wird B. zu einer Freiheitsstrafe von zwei Jahren und drei Monaten verurteilt. Er geht in Berufung, woraufhin das Verfahren im Dezember 1996 wegen Geringfügigkeit eingestellt wird.

B. gelingt es unter Ausschöpfung von Rechtsmitteln eine Haftstrafe zu verhindern.

Im Anschluss an die Berufsausbildung ist B. in seinem Ausbildungsbetrieb angestellt und führt Außensanierungsarbeiten aus. Ihm wird Ende August 1996 durch den Betrieb gekündigt.

B. entscheidet sich gegen eine Weiterqualifikation und für einen Übergang ins Erwerbssystem. Das bringt ihm den Vorteil, finanziell unabhängig zu sein, hat zugleich aber den Nachteil, Chancenvielfalt auf dem Arbeitsmarkt einzubüßen. Dass B. von seinem Ausbildungsbetrieb übernommen wird, bedeutete, dass er zu den besten Auszubildenden gehörte. Er wäre in einem Unternehmen, welches gewinnorientiert arbeitet, mit schlechten Leistungen nicht eingestellt worden. Es bestätigt sich zudem die Vermutung, dass B. die Berufsschule und Lehrausbildung regelmäßig besuchte. Denn auch als „Schwänzer" hätte er mit hoher Wahrscheinlichkeit die Anstellung nicht bekommen.

In der Wahl des Beschäftigungsbetriebs reproduziert sich einmal mehr seine eingeschränkte Fähigkeit zur Autonomie. B. verbleibt in seinem Ausbildungsbetrieb und nimmt damit in Kauf, weiterhin als Auszubildender wahrgenommen zu werden. Vor dem Hintergrund der Konjunkturkrise im Baugewerbe erscheint die Wahl zwar rational. Sie bedeutet aber objektiv eine weitere Blockade seiner Individuierung. Hätte B. den Betrieb gewechselt, wäre er als vollwertiger Facharbeiter akzeptiert gewesen. Zudem ständen ihm bei einer Anstellung in den westdeutschen Bundesländern bessere Verdienstmöglichkeiten offen. B. entscheidet sich gegen diese Optionen. Der Verbleib in Jena ermöglicht es ihm, in seinem Elternhaus, bei seiner Partnerin und in seiner peer-group zu verharren.

Erklärungsbedürftig ist die geringe Dauer des Arbeitsverhältnisses von nur zwei Monaten. Die Kündigung geht B. damit noch innerhalb der Probezeit zu. Mögliche Gründe könnten sein, dass B. eine lukrativere Stelle gefunden hat oder dass etwas Gravierendes vorgefallen ist, wie z. B. Disziplinprobleme, Verspätungen, Bummeleien oder Straftaten, die in einem betrieblichen Kontext stehen. Dass die Kündigung durch den Betrieb infolge der rechten Gesinnung von B. erfolgt, ist auszuschließen. Sie dürfte hinreichend bekannt gewesen sein, bevor er den Arbeitsvertrag unterschrieb, da er seine Lehrausbildung dort absolvierte. Ein plötzlicher Konjunktureinbruch als Kündigungsgrund ist eher unwahrscheinlich. Ein solcher Einbruch tritt nicht innerhalb von zwei Monaten ein, sondern kündigt sich längerfristig an. Der Betrieb hätte B. in diesem Fall erst gar nicht eingestellt.

B. ist von August 1996 bis Juli 1997 arbeitslos.

Die Hypothese, dass ein neuer Arbeitsvertrag der Grund für die Kündigung von B. ist, kann an dieser Sequenzstelle ausgeschlossen werden, so dass die Deutungsalternative eines gravierenden Vorkommnisses in Zusammenhang mit dem Beschäftigungsverhältnis verbleibt. Die objektiven Lebensdaten legen die Hypothese nahe, dass die Kündigung infolge eines Diebstahls erfolgt sein könnte. B. wird im Juni 1996 verurteilt, weil er einen Baulaser zweckentfremdet als Zieleinrichtung auf eine Luftdruckwaffe montiert (vgl. Deutscher Bundestag 2013: 81). Möglicherweise hat der Betrieb von der Tat, die bereits im September 1995 geschah, Kenntnis erhalten und bemerkt, dass B. den Baulaser entwendet hat. Aufgrund der Persönlichkeitsstruktur von B. sind aber auch andere Kündigungsgründe denkbar, beispielsweise aggressive oder volksverhetzende Äußerungen bzw. Handlungen oder Bummelei.

B. verharrt in der Arbeitslosigkeit. Es ist schwer vorstellbar, dass er als junger Bauarbeiter fast ein Jahr lang nicht wenigstens eine saisonal befristete Gelegenheitsanstellung in einem Gewerbe, wie dem Bauhandwerk, findet. In der Arbeitslosigkeit manifestiert sich sein Dilemma. Er boykottiert objektiv die Ablösung von seiner Familie, weil er auf die finanzielle Unterstützung der Eltern angewiesen bleibt.

Neben dem Bewährungsfeld der Partnerschaft, kann B. auch das des Berufs nicht ausfüllen und mit einer positiven Sinnsetzung belegen. Die lange Arbeitslosigkeit unmittelbar nach der Ausbildung erschwert zudem einen Wiedereinstieg in den Beruf. Als Novize wäre es für ihn wichtig, sein theoretisch erlerntes Wissen durch Berufspraxis in handlungspraktische Fertigkeiten im Sinne eines tacit knowledge umzuwandeln. Die Arbeitslosigkeit verstärkt außerdem seine Deprivationserfahrungen und damit auch seine Ressentiments. Sie fördert eine verstärkte Zuwendung zum dritten Bewährungsfeld, dass mit dem negativen Sinnentwurf des Rechtsextremismus besetzt ist.

Um 1996/97 wird B. zusammen mit Uwe Mundlos (M.) stellvertretender Leiter der Sektion Jena des THS.

Die Fokussierung auf das dritte Bewährungsfeld bestätigt sich. Sie erfolgt jedoch nicht in sozial akzeptierter Art und Weise, sondern stellt eine Sittlichkeitsverletzung ersten Grades dar. Bis zum Alter von 20 Jahren ist es B. nicht gelungen, seine Adoleszenzkrise zu bewältigen und die drei gesellschaftlichen Bewährungsfelder mit einem positiven Sinnentwurf zu belegen. Insofern bestätigen sich die hypothetisch entworfenen Schwierigkeiten im Erwachsenwerden infolge der Sozialisationsdefizite.

B. steigt innerhalb der rechten Szene auf und erfährt Anerkennung, die ihn zu weiterem Engagement motivieren wird. Ungewöhnlich ist, dass er sich die Position des Stellvertreters mit einer weiteren Person teilt und dadurch in seiner Positionsmacht eingeschränkt ist. Darin manifestiert sich ein Zweifel des Sektionsleiters in seine Führungskompetenz und zugleich kann daraus geschlossen werden, dass er mit M. nicht in einem Konkurrenzverhältnis steht, denn ansonsten würde sich der Sektionsleiter mit dieser Entscheidung selbst schwächen. Dass B. keine Führungsqualitäten besitzt, legen auch seine Geschwisterposition und sein rekonstruierter geringer Stand in der Subjektwerdung nahe. Das lässt die Frage aufkommen, warum er überhaupt eine solche Funktion übertragen bekommt. Mögliche Antworten sind eine Alternativlosigkeit infolge ungeeigneten Personals, eine mittlerweile verfestigte rechte Ideologie, die andere Jugendliche vermissen lassen, eine der Szene imponierende Aggressivität oder die Fähigkeit, mobilisieren zu können. Das übertragene Amt lässt sich als Verfestigung des rechtsextremen Sinnentwurfs interpretieren. Findet B. keine neue Partnerin und keine berufliche Herausforderung, ist zu erwarten, dass er seinen Lebensentwurf weiterhin an dieser Gesinnung orientiert und zementiert.

Zwischen Oktober 1996 und Dezember 1997 wird gegen B. und weitere Personen wegen der Herstellung und Deponierung von Bombenattrappen und Briefbombenimitate ermittelt (6.10.96 „Stadion-Bombe", 2.9.97 „Theater-Bombe", 26.12.97 „Friedhofskoffer")

Die Taten verweisen auf eine Radikalisierung der Gruppierung und eine Instrumentalisierung der Opfer. Adressaten der Briefbombenimitate sind Institutionen der kommunalen und öffentlichen Verwaltung sowie eine lokale Zeitungsredaktion. Das Theaterhaus, vor dem ein Koffer mit 10 g Sprengstoff, der jedoch nicht zündfähig war, gefunden wurde, ist bekannt als Treffpunkt der (links-)alternativen Szene. Die Bombenattrappe auf dem Friedhof war vor einer Magnus-Poser-Büste abgestellt. Poser war ein kommunistischer Widerstandskämpfer aus Jena, der im KZ Buchenwald zu Tode kam. Insofern symbolisiert auch er den politischen Gegner der Rechten. Die „Stadion-Bombe" könnte der linksorientierten Ultra-Szene des FC Carl Zeiss Jena gegolten haben. Die Einschüchterungsversuche zielen vorwiegend auf staatliche Institutionen und linksorientierte Akteure ab, woraus geschlussfolgert werden kann, dass sie eher eine Ausformung jugendlich-adoleszenten Abgrenzungsverhaltens darstellen und gegen eine verfestigte nationalistische Ideologie infolge einer entsprechenden politischen Sozialisation sprechen. Der omnipotente Charakter der Taten, der für die Adoleszenz typisch ist, unterstützt diese These. Im Falle einer ausgeprägten nationalistischen Ideologie wäre zu erwarten gewesen, dass die

Attrappen vor ausländischen Wohnheimen oder Einrichtungen oder vor jüdischen Objekten deponiert worden wären.
Am 21.04.1997 wird B. zu einer Jugendstrafe von drei Jahren und sechs Monaten Freiheitsentzug verurteilt und geht daraufhin in Berufung.
B. gelingt es ein weiteres Mal, sich einer Haftstrafe vorläufig zu entziehen.
Im Juni 1997 ist B. für etwa drei Wochen auf einer Baustelle in Eisenach angestellt. Ihm wird gekündigt und er ist erneut arbeitslos. B. gerät im August 1997 in eine Drückerkolonne, die er eine gute Woche später verlässt. Ab September 1997 ist er arbeitslos.
Es gelingt B. nicht, eine dauerhafte Beschäftigung zu finden. Das Scheitern im beruflichen Bewährungsfeld kann resümierend als Folge der Ablösungsproblematik interpretiert werden. Es bereitet B. weniger Mühe, Arbeit zu finden, als sie zu behalten. Die Arbeitslosigkeit als Möglichkeit, sich der elterlichen Zuwendung zu vergewissern, reproduziert sich. B. grenzt sich aber zugleich von den Eltern ab, indem er sich der ihrem Milieu immanenten Leistungs- und Pflichtenethik verweigert. Damit gelingt es ihm, wenn auch auf pathologische Weise, seinen natürlichen Drang nach Ablösung subjektiv zu befriedigen, objektiv boykotiert er sie jedoch.
B. wird im September 1997 ausgemustert.
Mit der Ausmusterung wird B. daran gehindert, seinen dem Gemeinwohl verpflichtenden Wehrdienst ableisten zu können, was zugleich seine Gemeinwohlbindung schwächt. Die Ausmusterung kann infolge körperlicher oder geistiger Untauglichkeit erfolgt sein. Dass B. wegen seiner Verurteilungen oder erwartbaren Freiheitsstrafe den Wehrdienst nicht antreten darf, trifft nicht zu. In diesem Falle wäre er nicht ausgemustert, sondern ausgeschlossen worden. Auch geistige Unreife oder vorübergehende körperliche Eingeschränktheit liegen nicht vor, denn dann wäre er zurückgestellt worden. (vgl. §§ 9-12 Wehrdienstgesetz) Die Ausmusterung kann nur mit einer dauerhaften körperlichen oder geistigen Nichteignung begründet werden. Ein körperlicher Mangel ist wenig wahrscheinlich. Nur wenn er nach Beendigung der Ausbildung eingetreten ist, könnte diese Lesart zutreffen. B. hätte mit einer körperlichen Einschränkung nicht den Beruf des Hochbaufacharbeiters erlernen und auf dem Bau arbeiten können. Viel wahrscheinlicher und durch die Aktenlage gedeckt, ist die Option der

geistigen Untauglichkeit.[63] Sie kann auf kognitiven und psycho-sozialen Defiziten beruhen. Kognitive Mängel würden der Fallstrukturhypothese widersprechen. Zwar wies B. während seiner Schulzeit Lernschwierigkeiten auf und ging auf die Förderschule, jedoch wurde dies als Folge sozialisatorisch bedingter Pathologien gedeutet. Der gute Berufsschulabschluss spricht gegen eine Lernschwäche. Psycho-soziale Defizite sind mit der Sozialisationsstörung erklärbar.

Grundsätzlich bedeutet die Ausmusterung einen Individuierungsvorteil, weil der Heranwachsende schneller in Beruf und Familie Fuß fassen kann. Im Falle von B. ist sie eher als Nachteil zu bewerten, weil sie ihm die Möglichkeit einer positiven Sinngebung im dritten Bewährungsfeld und die Konfrontation mit einem neuen und sozial akzeptierten Identitätsentwurf nimmt.

In der im Oktober 1997 stattfindenden Berufungsverhandlung wird das Urteil vom 21.04. auf zwei Jahre und drei Monate Freiheitsentzug nach unten korrigiert. Im Dezember 1997 ist das Urteil rechtskräftig.

B. ist im Bewährungsfeld der staatsbürgerlichen Pflichten endgültig gescheitert. Mit der Rechtskraft des Urteils hat er keine Möglichkeit mehr, das Scheitern abzuwenden. Er muss von nun an damit rechnen, zum Haftantritt in eine Jugendstrafvollzugsanstalt aufgefordert zu werden.

Resümierend ist festzuhalten, dass B. im Alter von 20 Jahren, einem Alter in dem die Gesellschaft von ihm erwartet, positive Sinnentwürfe in allen drei Bewährungsfeldern gefunden und sich gesellschaftlich verortet zu haben, sich weder im Beruf noch als Staatsbürger bewährt hat und sich aus seiner Herkunftsfamilie nicht ablösen kann. Seine primäre Individuierung ist misslungen. Da sich biografische Muster zum Ende der Adoleszenzkrise verfestigen, sind für das weitere Leben von B. massive Schwierigkeiten in der Lebensbewältigung zu erwarten. Aufgrund seines geringen Individuierungsgrads wird er kaum in der Lage sein, Potentiale zur Bewältigung von Entscheidungskrisen zu erkennen und krisenhafte Situationen selbstständig lösen zu können, so dass er die Konfrontation mit

---

63 In einer ersten Musterung wurde B. als wehrdienttauglich befunden. Erst in zwei anschließenden psychologischen Untersuchungen (Eignungsuntersuchung und Eignungsfeststellung) wurde die Eignung verneint. (vgl. Deutscher Bundestag 2013: 83)

Neuem und die Herbeiführung von Entscheidungen vermeiden wird. Dies lässt ein Verharren im negativen Identitätsentwurf als Rechtsextremist wahrscheinlich werden. In unausweichlichen Krisen ist B. in Ermangelung eigener Autonomiepotentiale auf die Unterstützung anderer angewiesen. Es ist anzunehmen, dass er soziale Beziehungen suchen wird, die ihm Schutz und Fürsorge gewähren. In der Partnerschaft mit Z. hat er eine solche Beziehungsform gefunden. Sollten ihm in unausweichlichen Entscheidungskrisen keine Ressourcen zur Verfügung stehen, wird er entsprechend seinem bisherigen Bewältigungsmuster zu Gewaltexzessen neigen und damit seine Unfähigkeit zur Lösung der Situation markieren.

Am 26.01.1998 flieht B. zusammen mit M. und Z. während einer polizeilichen Durchsuchungsmaßnahme, bei der mehrere funktionsfähige Rohrbomben gefunden werden. Die drei leben daraufhin fast 14 Jahre zusammen in konspirativen Wohnungen in der Illegalität[64].

B. steigt aus der staatlichen Gemeinschaft aus und entflieht den gesellschaftlichen Anforderungen, denen er nicht gewachsen ist. Er verpasst die Möglichkeit, sich in akzeptierter Art und Weise mit der Rechtsgemeinschaft zu versöhnen, indem er die objektive verhängte Haftstrafe subjektiv übernimmt. Stattdessen nimmt er weitere Einschränkungen in seiner Lebensbewältigung auf sich. Die Flucht ist als Ausdruck seiner fehlenden Krisenbewältigungskompetenz zu interpretieren. Sie hat für ihn eine selbstentlastende Funktion, weil er sich den gesellschaftlichen Erwartungen, die ihn überfordern, entziehen kann. Zudem untermauert die abrupte Herauslösung aus der Herkunftsfamilie die These der Ablösungsproblematik und legt nahe, dass die Gruppe als Familienersatz fungiert.

Es kristallisierte sich heraus, dass B. ohne Unterstützung anderer Personen nicht in der Lage ist, sein Leben zu bewältigen, weshalb die Wahl, mit zwei weiteren Personen „abzutauchen", aus seiner Sicht als rational zu bewerten ist. Die Beziehung zwischen B. und Z. wurde bereits ausführlich erörtert. In ihr reproduziert sich objektiv das Beziehungsmuster zwischen B. und seiner dominanten Mutter. Auch M. ist B. intellektuell und vom Stand seiner Individuierung überlegen. Er ist vier Jahre älter, hat den Schulabschluss der zehnten Klasse (POS), verfügt über eine

---

64 Illegalität meint, dass B. eine falsche Identität vortäuscht und sich mit gefälschten Dokumenten in der Öffentlichkeit ausweist.

abgeschlossene Berufsausbildung als Datenverarbeitungskaufmann und besucht bis zur gemeinsamen Flucht ein Kolleg, auf dem er sein Abitur nachholt. M. verkörpert den technisch-rationalistischen Typ, worin er dem Vater von B. gleicht. Inwiefern M. in seiner Herkunftsfamilie die Rolle des beruflich stark eingebundenen Vaters – der Vater von M. war Hochschullehrer – übernommen und sich bei der Pflege seines körperbehinderten Bruders darin eingeübt hat, bedarf einer Rekonstruktion seiner Lebensdaten, die bisher noch aussteht. Wenn dieser Umstand zutrifft, könnten M. und Z. für B. eine Art Ersatzeltern darstellen. B. hat sich durch die Flucht abrupt aus seiner Herkunftsfamilie gelöst, die familialen Strukturmuster, die seine Individuierung bisher blockiert haben, aber nicht aufgeben. Alternativ könnte M. für ihn auch als Ersatz für den verstorbenen Bruder fungieren. Diese Deutungsvariante erscheint jedoch vor dem Hintergrund, dass B. noch einen älteren Bruder hat, dem er sich zuwenden könnte, weniger wahrscheinlich.

Unter Zugrundelegung des Kleingruppenmodells von Parsons[65] ist es wahrscheinlich, dass Z. die Gruppe in expressiver Hinsicht dominiert und ihr die Funktion zukommt, für Harmonie und Solidarität innerhalb der Gruppe zu sorgen (vgl. Parsons 1968: 112). Diese Annahme begründet sich in ihrer pflegerisch orientierten Persönlichkeitsstruktur. Die stark eingeschränkten Autonomiepotentiale von B. schließen aus, dass ihm die instrumentelle Dominanz zukommt, so dass diese Gruppenposition aller Wahrscheinlichkeit nach nur durch M. besetzt sein kann. Die instrumentelle Funktion bezieht sich auf das Außenverhältnis. Sie zielt auf die Anpassung der Gruppe an äußere Bedingungen und Situationen ab (vgl. ebd.). M. verkörpert den rationalistischen Typ, der möglicherweise frühzeitig innerhalb seiner Herkunftsfamilie in die Vaterrolle gedrängt wurde. Für B. verbleibt eine Subordination auf instrumenteller oder expressiver Seite.

---

[65] Parsons geht davon aus, dass sich Gruppen hierarchisch in Führer und Gefolgsleute differenzieren. Quer dazu findet eine weitere Differenzierung nach der qualitativen Art der Funktion statt. Hier gilt es zwischen einer überwiegend instrumentellen und expressiven Funktion zu unterscheiden. Die erste bezieht sich primär auf das Verhältnis zwischen Gruppen, die zweite auf das Verhältnis innerhalb der Gruppe. In jeder Gruppe sind mithin vier Rollen zu besetzen. Zwischen der expressiven und instrumentellen Führung besteht eine enge Koalition. (vgl. Parsons 1968: 111ff.)

Aufgrund seines Geschlechts, seiner Orientierung am hegemonialen Männlichkeitsbild infolge seiner beruflichen Sozialisation und seiner Position als stellvertretender Sektionsleiter des THS Jena ist eine instrumentelle Gruppenfunktion wahrscheinlich. Die schwache Gruppenposition lässt eine nochmalige Steigerung seines Aggressionspotentials erwarten. Aufgrund seiner Abhängigkeit von Z. und M. werden sich die aggressiven Handlungen jedoch nicht gegen diese beiden Personen richten, sondern B. wird nach einem Surrogat in der Umwelt der Gruppe suchen. Autoaggressive Handlungen würden dem bisherigen Analyseverlauf widersprechen, weshalb nicht davon auszugehen ist. Auf der Suche nach Ersatzobjekten seiner Aggression ist B. vor das Problem gestellt, polizeilich gesucht zu werden. Straßenschlägereien oder sonstige strafbare Handlungen in der Öffentlichkeit implizieren ein hohes Entdeckungsrisiko.

Ein Problem, welches sich hinsichtlich der Gruppenstabilität stellt, ist die strukturelle Eifersucht innerhalb einer Triade. Diese Problematik tritt hier in verschärfter Form auf, weil Z. zwischen etwa 1992 und 1994 eine sozio-erotische Beziehung mit M. und ab Mitte 1994 mit B. führte. Der 14 Jahre andauernde Bestand der Gruppe markiert eine gelungene Lösung des Problems, die nur darin bestanden haben kann, keine sozio-erotischen Beziehungen innerhalb der Triade zuzulassen. Eine offene Dreiecksbeziehung ist aufgrund des Herkunftsmilieus von B. tendenziell nicht zu erwarten. Nur im Falle einer Homosexualität von M. wäre ein Fortbestehen der sozio-erotischen Beziehung zu Z. denkbar. Dafür gibt es jedoch keine Hinweise.

Um 2000 gründen B., M. und Z. den Nationalsozialistischen Untergrund (NSU) und begehen bis 2011 mutmaßlich zehn Morde, zwei Sprengstoffanschläge und 15 Raubüberfälle.

Die Bundesanwaltschaft charakterisiert den NSU als „eine aus drei gleichberechtigten Mitgliedern bestehende Gruppierung", die „sich als ein einheitliches Tötungskommando" verstand, „das seine Mordanschläge aus rassistischen und staatsfeindlichen Motiven arbeitsteilig verübte" (Generalbundesanwaltschaft 2013).[66]

---

66 In der Anklageschrift gegen Beate Zschäpe und Unterstützer der Gruppe heißt es: „Noch im Jahr 1998 entschlossen sich Uwe Böhnhardt, Uwe Mundlos und die Angeschuldigte Zschäpe, ihre rassistische Vorstellung von einem ‚Erhalt

Mit der Gründung des NSU verleiht B. der Illegalität und den damit verbundenen Einschränkungen in seiner Lebensführung subjektiv einen Sinn. Mit den Morden, mit denen er im Sinne seiner Ideologie einen Beitrag zur Erhaltung der „weißen Rasse" leistet, kann er seinen Ausstieg aus der Rechtsgemeinschaft vor sich rechtfertigen und sich damit selbst entlasten. Die Ermordung von Menschen wird zur pervertierten Bewährungsaufgabe. B. verweigert sich nicht mehr nur der Rechtsgemeinschaft, sondern zerstört aktiv Sozialität, womit er seine Fallstruktur der zunehmenden qualitativen Steigerung der Sittlichkeitsverletzungen in einer Art und Weise reproduziert, die nicht mehr zu überbieten ist. Zugleich ermöglicht ihm die Beteiligung an der Ermordung von Menschen, sein Aggressionspotential auf „Sündenböcke" umzuleiten und auszuleben.

Eine Strukturtransformation ist bezüglich der Opfer festzustellen. Während die Bombenattrappen überwiegend auf den politischen Gegner der Rechten abzielten, richten sich die Morde mit einer Ausnahme gegen Angehörige anderer ethnischer Gruppen. Die Transformation kann als Folge einer rechtsextremen Ideologisierung und weiteren Radikalisierung gedeutet werden. Die Taten richten sich nicht mehr gegen die Ideologie der gegnerischen peer-group, sondern implizieren eine extrem nationalistische Weltanschauung. Die gemeinschaftlich begangenen Morde erhöhen die Gruppenkohäsion. Das individuelle Schicksal eines jeden einzelnen hängt von der Ausstiegs- und Aussagebereitschaft der beiden anderen ab. Die Abschottung der Gruppe verhindert Strukturveränderungen infolge des Einflusses anderer Personen.

---

der deutschen Nation' nach ihrer Maxime ‚Taten statt Worte' durch Mordanschläge auf willkürlich ausgewählte Mitbürger mit ausländischen, insbesondere türkischen Wurzeln zu verwirklichen. Ihr Ziel war es, dass die Angehörigen dieser Bevölkerungsgruppe Deutschland aus Angst um ihre Sicherheit verlassen. Sie beabsichtigten deshalb, die hinrichtungsgleiche Ermordung der Opfer auch ohne ausdrückliche Tatbekennung für die Öffentlichkeit eindeutig als eine Mordserie kenntlich zu machen, der sich Mitbürger ausländischer Herkunft schutzlos ausgesetzt fühlen sollten. (...) Ihre Ideologie umfasste darüber hinaus Mordanschläge auf Polizeibeamte als Repräsentanten der freiheitlich-demokratischen Grundordnung. Spätestens im Jahr 2001 gaben sie sich den Namen „Nationalsozialistischer Untergrund (NSU)." (Generalbundesanwaltschaft 2013)

Für den Fortgang des biografischen Verlaufs lassen sich vier Hypothesen aufstellen. Entweder wird B. irgendwann als Täter identifiziert und festgenommen, stellt sich freiwillig, die Gruppe löst sich auf oder er steigt aus der Gruppe aus, verbleibt aber in der Illegalität. Seine eingeschränkte Autonomie und die starke Gruppenkohäsion infolge der Taten sprechen gegen die letzte Option. Auch die zweite Hypothese ist aufgrund seiner primären Individuierung, insbesondere der fehlenden Sittlichkeitsbindung, und seiner Abhängigkeit von seinen Bezugspersonen unwahrscheinlich. Zudem sinkt mit jedem weiteren Mord die ohnehin geringe Wahrscheinlichkeit auf eine mögliche Kronzeugenregelung, so dass B. eine lebenslange Haftstrafe zu erwarten hat. Eine Auflösung der Gruppe würde B. in eine extreme Identitätskrise bringen, zu deren Lösung er nicht befähigt ist, weshalb von ihm keine solche Entscheidung zu erwarten ist.

Am 04.11.2011 werden B. und M. tot in einem Wohnmobil in Eisenach aufgefunden. Nach dem bisherigen Ermittlungsstand wird B. von M. erschossen, nachdem ihre Festnahme nach einem begangenen Banküberfall unmittelbar bevorsteht.

Der Tod lässt den Lebensentwurf endgültig scheitern. Er verhindert, dass B. die Verantwortung für die Beteiligung an den Taten übernimmt und sich mit der Rechtsgemeinschaft versöhnt, indem er gesteht, die gerichtlich verhängte, aller Wahrscheinlichkeit nach lebenslange Haftstrafe übernimmt und so für die begangenen Taten sühnt. Der Tod von zwei Mitgliedern des NSU offenbart zugleich ein Scheitern der Triade, was die Hypothese einer dauerhaft gelungenen Lösung des Problems der strukturellen Eifersucht an dieser Stelle zum Einsturz bringt.

Bezüglich der Todesumstände lassen sich vier Lesarten aufstellen. B. könnte im Rahmen eines Gerangels mit M. unbeabsichtigt erschossen worden sein. Er könnte infolge von Meinungsverschiedenheiten vorsätzlich von M. getötet worden sein. B. und M. könnten sich zum gemeinsamen Suizid entschlossen haben, wobei B. psychisch nicht in der Lage war, den Entschluss umzusetzen. Eine vierte Lesart besteht in einem erweiterten Suizid von M., was bedeuten würde, dass M. über das Leben von B. entschieden hat. Mit Ausnahme der Unfallvariante bestätigen die übrigen Lesarten die rekonstruierte Gruppenstruktur. Z. ist beim Überfall nicht dabei, was ihre expressive Gruppenfunktion untermauert. Die Funktion von M. wurde als instrumenteller Führer gedeutet. Folgerichtig ist er derjenige, der darüber entscheidet, B. zu töten – mit oder ohne dessen Einwilligung. Im Tod reproduziert sich die Fallstruktur von B. ein letztes Mal. Er ist nicht in der Lage, Krisen eigenständig zu bewältigen, weil er Handlungsmöglichkeiten nicht erkennt und sich stattdessen den Entscheidungen anderer, möglicherweise entgegen seiner eigenen Wünsche, fügt.

Nur in der Lesart, dass B. sich von M. einwilligend erschießen lassen hat, liegen dem Tod eigene Motive zu Grunde. Hätte er in diesem Fall aus Schuldgefühlen gehandelt, wäre der Suizid kontraproduktiv gewesen. Von seiner Schuld kann sich ein Straftäter nur befreien, indem er sich der Polizei stellt und seine Taten gesteht. Ein Selbstmord als politisches Zeichen, wie beispielsweise bei Selbstverbrennungen von politischen Aktivisten, hätte seine Persönlichkeitsstruktur komplett gekehrt, weshalb auch diese Möglichkeit tendenziell auszuschließen wäre. Die Situationsumstände würden bei Zutreffen der Hypothese des einwilligenden Erschießens eher für einen Suizid aus einer Ausweglosigkeit heraus sprechen. Ein solches Verhalten ist von anderen Terroristen oder nationalsozialistischen Führern bekannt. Das Eigeninteresse steht in diesem Fall über der Ideologie, was einmal mehr gegen eine mögliche Psychopathologie von B. und für eine mangelnde Gemeinwohlbindung spricht. Inwiefern sich im Tod von B. ein familiales Strukturmuster reproduziert, kann aufgrund der ungeklärten Todesumstände – und darin gleichen sich der Tod von Peter und Uwe Böhnhardt – nicht bewertet werden.

7 Fallstrukturhypothese

Auf Grundlage der Fallrekonstruktion lässt sich die Forschungsfrage nach dem Verlauf der Subjektwerdung von Uwe Böhnhardt beantworten. Sein Subjektbildungsprozess verläuft bis zum Alter von zehn Jahren unauffällig. Spätestens mit dem Tod seines Bruders im Jahr 1988 ist von gestörten sozialisatorischen Interaktionsbedingungen in der Familie auszugehen, die aus einer inadäquaten Bewältigung des traumatischen Ereignisses resultieren. Die familiären Kontextbedingungen lassen die Hypothese zu, dass der Individuierungsverlauf bereits vor diesem Ereignis durch eine unzureichende Lösung aus der Mutter-Kind-Symbiose gekennzeichnet ist, die es verhindert, dass Böhnhardt die Autonomie erwirbt, die er benötigt, um die noch folgenden Ablösungskrisen produktiv zu bewältigen.

Etwa zwei Jahre nach dem Tod des Bruders bricht Böhnhardt zum ersten Mal aus der Normalität aus. Er bleibt in der sechsten Klasse sitzen. Sein schulisches Scheitern kann primär nicht mit kognitiven Defiziten erklärt werden, sondern deutet eher auf Probleme in der Subjetwerdung hin. Böhnhardt markiert eine individuelle Krise, indem er sich der schulischen Leistungsethik, die das berufliche Bewährungsfeld seiner Mutter stark tangiert, verweigert. Er grenzt sich subjektiv von der Mutter ab, sichert sich aber zugleich deren Zuwendung und konterkariert damit seinen Ablösungswunsch. Dieser Wunsch resultiert einerseits aus der vom Tod des Bruders belasteten familiären Interaktionsstruktur und dem Voranschreiten seiner Ontogenese.

Seine Defizite in der Subjektwerdung äußern sich ab 1992 in kriminellen Handlungen, deren Sittlichkeitsverletzungscharakter kontinuierlich zunimmt, was als Ausdruck der Zuspitzung der beschriebenen Ablösungsproblematik zu interpretieren ist. Aufgrund seines Individuierungsrückstands verfügt Böhnhardt nicht über genügend Autonomie, um sie selbständig zu lösen, verspürt aber zunehmend den Wunsch, aus seiner Herkunftsfamilie, insbesondere aus der Mutter-Kind-Symbiose auszutreten. Autonomie kann er jedoch nur erwerben, indem er sich in der eigenständigen Krisenbewältigung einübt, woran ihn die starke Mutterbindung hindert. Das Dilemma, in dem er sich befindet, verunsichert und frustriert ihn, was sich in einer ansteigenden Aggressivität äußert. In dieser Phase wird Böhnhardt alleine gelassen. Sämtliche Sozialisationsinstanzen scheitern. Neben der gestörten familiären Interaktionspraxis resigniert die staatliche Jugendhilfe, indem sie ihn nach fortgesetzter Begehung von Straftaten aus dem Kinderheim verweist und zu seinen Eltern zurückschickt. Auch die pädagogische Praxis versagt. Böhnhardt wird an eine Förderschule abgeschoben und, nachdem er sich mittels Schuleinbruchs dagegen wehrt, von der Schule verwiesen. Anschließend sitzt er seine gesetzlich vorgeschriebene Schulpflicht ab. Der Jugendvollzug überstellt ihn während seiner Inhaftierung in den Erwachsenenvollzug, weil er auch hier abweichend auffällt. Böhnhardt stehen zur Bewältigung seiner Ablösungsproblematik lediglich informelle, in seinem Fall deviante, peer-group-Cliquen unterstützend zur Seite. Ihm bekannte formale Jugendorganisationen gibt es nach 1990 nicht mehr und die in Westdeutschland typische Vereinsstruktur haben sich in Ostdeutschland noch nicht etablieren können. Sein Herkunftsmilieu, das sozialistische Establishment, ist mit der Wende weggebrochen und kann ihm keine Unterstützung mehr gewähren. Der Individuierungsverlauf bis zu Beginn der Adoleszenz bietet ihm ungünstige Voraussetzungen für eine produktive Bewältigung der letzten Ablösungskrise. Ihm fehlt es am notwendigen Autonomiepotential.

Im Alter von 16 Jahren geht Böhnhardt seine vermutlich erste längerfristige sozio-erotische Beziehung ein, in der sich das Strukturmuster seiner Herkunftsfamilie reproduziert. Seine Partnerin ist ihm hinsichtlich ihres Alters und aller Wahrscheinlichkeit nach auch ihrer Reife sowie ihres Bildungsstandes überlegen und wie die Mutter stark pflegerisch orientiert, weshalb sie die Beziehung dominieren wird. Die eingeschränkten Autonomiemöglichkeiten in der Partnerschaft verhindern, dass Böhnhardt in diesem Bewährungsfeld Sinnerfüllung findet.

Auch im beruflichen Feld findet er keine Bestätigung. Es gelingt ihm nach einer Berufsausbildung zum Hochbaufacharbeiter aufgrund seines Ablösungsproblems nicht, eine längerfristige Anstellung zu finden. Er ist bis zu seinem „Abtauchen" im Jahr 1998 mit Ausnahme weniger Wochen Beschäftigungszeit arbeitslos, was auf der Folie seines Herkunftsmilieus mit Deprivationserfahrungen einhergehen muss.

Im dritten Bewährungsfeld scheitert Böhnhardt ebenfalls. Er orientiert sich zunächst an einem negativen Sinnentwurf, indem er sich einer rechtsextremen Gruppierung zuwendet und politisch motivierte Straftaten begeht. Der Sinnentwurf verfestigt sich über die Adoleszenz hinausgehend zu einem abweichenden, Sozialität zerstörenden Identitätsentwurf, der in der Gründung des NSU und der Ermordung von zehn Menschen gipfelt. Indem Böhnhardt im Alter von 20 Jahren in die Illegalität geht und unter falschen Personalien in konspirativen Wohnungen zusammen mit Beate Zschäpe und Uwe Mundlos lebt, löst er sich äußerlich aus seiner Herkunftsfamilie, bleibt ihr aber strukturell verhaftet, weil sich das familiäre Beziehungsmuster innerhalb der Gruppe reproduziert. Seine Individuierung wird nun nicht mehr durch seine Familie, sondern durch die Gruppe blockiert. Ein letztes Mal zeigt sich seine stark eingeschränkte Autonomie in seinem Tod, über den vermutlich nicht er entscheidet, sondern Uwe Mundlos.

Die Fallstrukturhypothese stellt ein vorläufiges Untersuchungsergebnis dar. Sie basiert auf Daten, die bis zu Beginn des Jahres 2014 zur Verfügung standen. Da die Aufarbeitung des NSU noch nicht abgeschlossen ist, besteht die Möglichkeit, dass neue Lebensdaten zu Uwe Böhnhardt bekannt werden. Sollte dies der Fall sein, bedarf es einer Analysefortschreibung, um die Fallstrukturhypothese zu präzisieren oder zu falsifizieren. Im abschließenden Fazit wird die Strukturhypothese in den theoretischen Kontext eingebunden und als Grundlage für eine Erklärung des Entstehungs- und Radikalisierungsprozesses des NSU herangezogen.

Fazit

Im Wesentlichen hat die Analyse keine neuen theoretischen Aspekte zur Erklärung der Subjektwerdung von Rechtsextremisten zu Tage gefördert. Lützinger wies bereits auf die Bedeutung traumatischer Krisen und ihrer inadäquaten Bewältigung während der Kindheit hin (vgl. Kap. 3.1). Auch unvollständige Bildungswege und Brüche in den schulischen Karrieren fanden in den bisherigen Forschungsbeiträgen Erwähnung. Gleiches gilt für die polizeilichen Vorerkenntnisse in unpolitischen Deliktbereichen. Übereinstimmend mit König lassen sich auch in hiesiger Untersuchung unbewältigte Konflikte infolge familiärer und schulischer Sozialisationsdefizite als Ausgangspunkt der abweichenden Individuierung feststellen (vgl. ebd.).

Auf der Folie des zu Grunde gelegten Modells vom Lebenslauf als eine Art Verkettung von Krisen, insbesondere den vier ontogenetisch bedingten Ablösungskrisen im Kindes- und Jugendalter, und deren Bewältigung offenbart der hier untersuchte Fall bereits während des Übergangs aus der Mutter-Kind-Symbiose in die ödipale Triade erste Defizite, die sich im weiteren Subjektbildungsprozess fortsetzen. In den eingangs der Arbeit vorgestellten Untersuchungsergebnissen zu Individuierungsverläufen von Rechtsextremisten wird vor allem die Rolle des Vaters beleuchtet. Es seien entweder die schwachen Väter, die ihre Söhne motivieren, Aufmerksamkeitsdefizite durch rechtsextreme Gewalt zu kompensieren, oder die strengen, kontrollierenden Väter. In hiesiger Untersuchung bleibt die Rolle des Vaters eher unterbelichtet. Weder in seinen noch in Uwe Böhnhardts Lebensdaten lassen sich Argumente für oder gegen eine Schwäche oder gesteigerte Autorität des Vaters finden. Einzig die Hypothese des Rückzugs des Vaters aus der Familie bei der Interpretation der Namensgebung der Kinder könnte als Hinweis auf einen Vater gedeutet werden, der eine schwache Position im Familiengefüge einnimmt. Dies lenkt den Fokus auf die Persönlichkeitsstruktur der Mutter. Die Analyse förderte zu Tage, dass sie erhebliche Defizite im praktischen Vollzug ihrer Mutterrolle zeigt, die letztendlich in einer Flucht aus dieser Rolle mündet und dazu führt, ihren Sohn als pädagogischen Fall zu definieren und mit pädagogischem Sachverstand zu intervenieren. Vor dem Hintergrund eines gesellschaftlichen Erziehungsideals, in dem der Erziehungseinfluss der als bürgerlich geltenden Familie zurückgedrängt werden soll, um die Kinder im Sinne der sozialistischen Ideologie zu systemloyalen Staatsbürgern zu erziehen, kann das Handeln der Mutter beinahe als idealtypisch interpretiert werden. Auf der Folie des hier zu Grunde gelegten Bildungsideals der vollständigen Autonomie nach Abschluss des primären Individuierungsprozesses muss es als kontraproduktiv gedeutet werden.

Die unvollständig gelöste Mutter-Kind-Symbiose erschwert es Böhnhardt, die beiden letzten Ablösungskrisen adäquat zu bewältigen. Die Devianz und Delinquenz im Schulalter und die Übernahme eines sozial inakzeptablen Lebensentwurfs zementieren das Scheitern seiner Individuierung im normativen Sinne. Der von Lützinger beschriebene abrupte Übergang von der Familie in die Clique zeigt sich auch im hier untersuchten Fall – wenn auch verspätet. Böhnhardt vollzieht ihn endgültig, indem er in die Illegalität geht und den Kontakt zu seinen Eltern nach anfänglichen Telefonaten und Treffen abbricht. Während Lützinger die Ursache allgemein in den dysfunktionalen Familienbeziehungen sieht, kann sie hier als Ablöseproblem konkretisiert werden. Auffällig sind die noch starke Bedeutung der Clique im Alter von bereits 20 Jahren und der späte Abbruch der familiären Bindung. Neben der verzögerten Individuierung dürften die Arbeitslosigkeit, das Fehlen einer eigenen Familie und der Gang in die Illegalität gemeinsam mit seiner Freundin dafür verantwortlich sein.

Die Fallstrukturhypothese stützt die Erklärung Oevermanns zu den Ursachen der gestiegenen Gewaltbereitschaft des jugendlichen Rechtsextremismus zu Beginn der 1990er Jahre (Kap. 2.2). Oevermann definiert das Phänomen als Problem der Adoleszenzkrisenbewältigung und macht in erster Linie den Wandel der Sozialisationsinstanzen, das Aufbrechen sozialer Milieus, gesellschaftliche Desintegration und fehlende Vergemeinschaftsangebote dafür verantwortlich. Für diese Ursachen finden sich Hinweise im Lebenslauf von Böhnhardt. Sein Herkunftsmilieu ist weggebrochen, als Vergemeinschaftungsalternativen stehen ihm Wohngebietscliquen oder deviante peer-groups, aber keine intakten Gruppen, zur Verfügung, das Bildungssystem befindet sich im Umbruch, er ist als „Sitzenbleiber" schulisch desintegriert und die familialen Interaktionsstrukturen weisen Pathologien auf. Für eine Erklärung des Verbleibs von Böhnhardt in der rechtsextremistischen Szene greift der Erklärungsansatz von Oevermann jedoch zu kurz. Dafür bedarf es empirische Forschungen, die sich der Frage widmen, warum ein Rechtsextremist in der Szene verbleibt und ein anderer der Szene entwächst. Die hier durchgeführte Untersuchung legt nahe, dass dies primär mit dem Grad an erworbenen Autonomiepotentialen zu tun hat.

Neben der Überprüfung wissenschaftlicher Theorien besteht das zweite Ziel der Untersuchung darin, den Entstehungs- und Radikalisierungsprozess des NSU aus einer lebenslaufanalytischen Perspektive zu beleuchten. Das bedeutet nicht, von der Mikroebene Rückschlüsse auf die Mesoebene zu ziehen, sondern lediglich einige der Kontextbedingungen für die Gründung und Radikalisierung des NSU offenzulegen. Der NSU stellt ein autonomes Handlungszentrum dar, welches in seiner Eigenlogik nicht aus den Persönlichkeitsstrukturen seiner Mitglieder zu erklären ist. Die Mitglieder eröffnen und beschließen Handlungsoptionen dieses sozialen Gebildes. Die Handlungsentscheidungen sind ihnen aber nicht individuell zurechenbar. Da im Rahmen dieser Arbeit nur der Individuierungsprozess von Uwe Böhnhardt untersucht wurde, muss eine solche Offenlegung der persönlichkeitsstrukturellen Kontextbedingungen unvollständig bleiben.

Aus Sicht von Böhnhardt stellt der NSU eine seiner Herkunftsfamilie strukturaffine Beziehungskonstellation dar, die ihm ein Leben mit seiner eingeschränkten Autonomie relativ komplikationslos ermöglicht. Zschäpe fungiert als Mutterersatz, Mundlos als Vater- oder Bruderersatz. Verunsicherung, mangelndes Selbstvertrauen und Frustration infolge von Sozialisationsdefiziten und Subordinationsverhältnis innerhalb der Gruppe kompensiert er im Rahmen der Ermordung von Migranten, die zugleich als Sündenböcke für zahlreiche Deprivationserfahrungen im Verlauf seines Lebens fungieren. Die rechtsextreme Ideologie, die tatsächlich nicht die Gewalt, sondern nur die Opferauswahl motiviert, ermöglicht ihm, die Gewaltexzesse des NSU vor sich selbst zu rechtfertigen, abzuspalten und nicht an einer damit verbundenen Schuldproblematik zu scheitern. Sein individueller Radikalisierungsprozess lässt sich über vier Stufen erklären. Zunächst führt er seine aggressiven Impulse als Folge seiner Ablösungsproblematik in unspezifischer Art und Weise gegen beliebige Opfer ab. Er schließt sich einer rechtsextremen Clique an und politisiert sich. Anschließend isoliert er sich mit zwei weiteren Szeneangehörigen und kanalisiert schlussendlich seine Aggression über die Ermordung von Menschen, die er als ethnisch abweichend deklassiert. Die Taten legitimiert er über seine

Gesinnung. Die rechtsextreme Gewalt basiert mithin auf seiner Aggressivität und nicht umgekehrt, die Aggressivität auf seiner rechten Gesinnung.

Für Mundlos und Zschäpe lassen sich ähnliche Konstellationen erwarten, wobei eine Rekonstruktion ihrer Lebensdaten noch aussteht. Zschäpe hat während ihrer Kindheit einen permanenten Wechsel von Bindungspersonen erfahren. Ihre Mutter hat sie verlassen, als sie zwei Wochen alt war. Folglich wurde bereits in diesem frühen Alter ihre Individuierung blockiert, weil sie ihre Mutter abrupt aus der Mutter-Kind-Symbiose hinaus stieß. Ihr wurde die Möglichkeit genommen, die erste Ablösungskrise ihres Lebens unter Ausschöpfung eigener Autonomieanteile zu bewältigen und dadurch Selbstvertrauen zu erlangen. Infolge wechselnder Lebenspartner der Mutter war Zschäpe immer wieder gezwungen, sich mit neuen Bindungspersonen zu arrangieren. Der NSU könnte ihr den Halt gegeben haben, den sie Zeit ihres Lebens suchte und ihr eine Art Nachsozialisation ermöglicht haben. An den Lebensdaten von Mundlos fällt auf, dass er einen körperbehinderten, älteren Bruder hatte. Für seine Subjektwerdung könnte dies bedeutet haben, dass es ihm in der Familie von Beginn an an Aufmerksamkeit mangelte, da die Eltern einen Großteil ihrer Zuwendung vermutlich dem älteren Bruder widmeten. Das könnte auch bei ihm zu einer Blockade der Individuierung und einer inadäquaten Bewältigung der Ablösungskrisen geführt haben. Er könnte im NSU mögliche Aufmerksamkeitsdefizite kompensiert und durch die schweren Gewaltstraftaten Anerkennung in der rechtsextremen Szene gefunden haben.

Inwiefern diese Hypothesen zutreffend sind, kann nur nach erfolgter Rekonstruktion der Lebensläufe von Mundlos und Zschäpe beurteilt werden. Dabei sollte es weniger darum gehen, „entscheidende Auslöser für den Übergang vom Denken zum Handeln zu untersuchen" (Ziercke 2012: 16), wie es der Präsident des Bundeskriminalamts fordert, sondern die dem Handeln zu Grunde liegenden und dem Denken logisch vorgelagerten objektiven Bedeutungsstrukturen offenzulegen. Sie repräsentieren sich nicht vollständig subjektiv-intentional im Bewusstsein, weshalb sie methodisch kontrolliert unter Hinzuziehung objektiver Lebensdaten erschlossen werden müssen. Die Rekonstruktion des Lebenslaufs von Uwe Böhnhardt hat gezeigt, dass nicht seine rechtsextreme Ideologie handlungsmotivierend war, sondern seine misslungene Ablösung aus der Herkunftsfamilie, was ihm vermutlich niemals vollständig bewusst war. Sein biografisches

Scheitern hat er erst nachträglich subjektiv mit Sinn aufgefüllt, indem er Migranten dafür verantwortlich machte und einen rechtsextremistischen Lebensentwurf wählte, mit dem er seine persönlichkeitsimmanente Gewaltaffinität legitimieren konnte.

Quellenverzeichnis

Ahbe, Thomas (2005): Ostalgie. Zum Umgang mit der DDR-Vergangenheit in den 1990er Jahren. Sömmerda: Druckerei Sömmerda GmbH.
– (2008): Ost-Diskurse. Das Bild von den Ostdeutschen in den Diskursen von vier überregional erscheinenden Presseorganen 1989/90 und 1995. In: Roth, Kersten Sven/Wiener, Markus (Hrsg.): Diskursmauern. Aktuelle Aspekte der sprachlichen Verhältnisse zwischen Ost und West. Bremen: Hempen, S. 21-53.
Baumgärtner, Maik/Böttcher, Marcus (2012): Das Zwickauer Terror-Trio. Ereignisse-Szene-Hintergründe. Berlin: Das neue Berlin.
Beck, Ulrich (1983): Jenseits von Klasse und Stand? Soziale Ungleichheit, gesellschaftliche Individualisierungsprozesse und die Entstehung neuer sozialer Formationen und Identitäten. In: Kreckel, Reinhard (Hg.): Soziale Ungleichheiten. Göttingen: Schwarz, S. 37-74.
Beck, Ulrich (1986): Risikogesellschaft. Auf dem Weg in eine andere Moderne. Frankfurt am Main: Suhrkamp.
Böllinger, Lorenz (2006): Die Entwicklung zu terroristischem Handeln als psychosozialer Prozess. In: Kemmesies, Uwe E. (Hg.): Terrorismus und Extremismus – der Zukunft auf der Spur. München: Luchterhand, S. 59-69.
Borstel, Dierk/Heitmeyer, Wilhelm (2012): Menschenfeindliche Mentalitäten, radikalisierte Milieus und Rechtsterrorismus. In: Malthaner, Stefan/Waldmann, Peter (Hg.): Radikale Milieus. Das soziale Umfeld terroristischer Gruppen. Frankfurt am Main/New York: Campus, S. 339-368.
Bude, Heinz (1993): Das Ende einer tragischen Gesellschaft. In: Joas, Hans/Kohli, Martin (Hg.): Der Zusammenbruch der DDR. Soziologische Analysen. Frankfurt am Main: Suhrkamp, S. 267-281.
Bürgel, Tanja (2004): Die friedlichen 89er-Revolutionäre und ihre skeptischen Kinder. Erfahrungsgeschichtliche Befunde zu einer Generationsdifferenz in Ostdeutschland. In: Bürgel, Tanja/Niethammer, Lutz/Stutz, Rüdiger (Hg.): Erfahrungsräume und Erwartungshorizonte im ostdeutschen Generationenumbruch. Uni Jena SFB 580, Heft 12, S. 19-30.
Bürgel, Tanja (2006): Ausprägungen einer „prekären Jugendgeneration" im Osten Deutschlands. Zum Generationsselbstverständnis der 20-25jährigen Deutschen im Ost-West-Vergleich. In: Dies. (Hg): Generationen in den Umbrüchen postkommunistischer Gesellschaften. Erfahrungstransfers und

Differenzen vor dem Generationenwechsel in Russland und Ostdeutschland. Uni Jena, SFB 580, Heft 20, S. 167-181.

Deutscher Bundestag (2013): Beschlussempfehlung und Bericht des 2. Untersuchungsausschusses nach Artikel 44 des Grundgesetzes. Berlin: DS 17/14600.

Frindte, Wolfgang/Wahl, Klaus (2001): Biographische Hintergründe und Motivationen fremdenfeindlicher Gewalttäter. In: Wahl, Klaus (Hrsg.): Fremdenfeindlichkeit, Antisemitismus, Rechtsextremismus. Drei Studien zu Tatverdächtigen und Tätern. Schweinfurt: Schunk, S. 162-324.

Fuchs, Christian/Goetz, John (2012): Die Zelle. Rechter Terror in Deutschland. Reinbek: Rowohlt.

Gärtner, Christel (2006): Ein (un)politischer Habitus. Zum Spannungsverhältnis von moralischer und politischer Urteilsfähigkeit der „NS-Generation". In: Kramer, Helgard (Hg.): NS-Täter aus interdisziplinärer Perspektive. München: Meidenbauer, S. 407-424.

Garz, Detlef (2007): Olga Lang-Wittfogel – eine objektiv-hermeneutische Biographieanalyse. ZQF, 8. Jg., 2/2007, S. 207-224.

Gaßebner, Martina u. a. (2001): Analyse von Urteilsschriften zu fremdenfeindlichen, antisemitischen und rechtsextremistischen Straftätern. In: Wahl, Klaus (Hrsg.): Fremdenfeindlichkeit, Antisemitismus, Rechtsextremismus. Drei Studien zu Tatverdächtigen und Tätern. Schweinfurt: Schunk, S. 89-161.

Geißler, Rainer (2008): Die Sozialstruktur Deutschlands. Zur gesellschaftlichen Entwicklung mit einer Bilanz zur Vereinigung. Wiesbaden: VS.

Generalbundesanwaltschaft (2013): Bundesanwaltschaft erhebt Anklage im „NSU"-Verfahren. URL: http://www.general-bundesanwalt.de/prnt/showpress.php?newsid=460 [31.12.2013].

Gerhard, Ute (1994): Die staatlich institutionalisierte „Lösung" der Frauenfrage. Zur Geschichte der Geschlechterverhältnisse in der DDR. In: Kaelbe, Hartmut/ Kocka, Jürgen/Zwahr, Hartmut (Hg.): Sozialgeschichte der DDR. Stuttgart: Klett-Cotta, S. 383-403.

Geulen, Dieter (1991): Die historische Entwicklung sozialisatorischer Ansätze. In: Hurrelmann, Klaus/Ulich, Dieter (Hg.): Neues Handbuch der Sozialisationsforschung. Weinheim/Basel: Beltz, S. 21-54.

– (1998): Politische Sozialisation in der DDR. Autobiographische Gruppengespräche mit Angehörigen der Intelligenz. Opladen: Leske + Budrich.

Gottwald, Herbert/Ploenus, Michael (2002): Aufbruch – Umbruch – Neubeginn. Die Wende an der Friedrich-Schiller-Universität Jena 1988 bis 1991. Rudolstadt: Hain-Verlag.

Habermas, Jürgen (1988): Metaphysisches Denken. Philosophische Aufsätze. Frankfurt am Main: Suhrkamp.

Hartleb, Florian (2013): Der Einsame-Wolf-Terrorist. Eine neue Herausforderung für die innere Sicherheit. Die Kriminalpolizei 1/2013, S. 4-12.

Heitmeyer, Wilhelm u. a. (1993): Die Bielefelder Rechtsextremismus-Studie. Erste Langzeituntersuchung zur politischen Sozialisation männlicher Jugendlicher, Weinheim/München, Juventa.

Heitmeyer, Wilhelm (1995): Rechtsetremistische Orientierungen bei Jugendlichen: empirische Ergebnisse und Erklärungsmuster einer Untersuchung zur politischen Sozialisation. Weinheim/München: Juventa.

– (2012): Gruppenbezogene Menschenfeindlichkeit (GMF) in einem entsicherten Jahrzehnt. In: Ders. (Hg.): Deutsche Zustände. Folge 10. Frankfurt am Main: Suhrkamp, S. 15-41.

Hensel, Jana (2003): Zonenkinder. Reinbek: Rohwolt.

Hofmann, Michael (2010): Soziale Strukturen in der DDR und in Ostdeutschland. URL: http://www.bpb.de/geschichte/deutsche-einheit/lange-wege-der-deutschen-einheit/47261/soziale-strukturen?p=all [11.12.2013].

– (2009): Wandel sozialer Milieus in Deutschland. URL: http://www.kas.de/wf/doc/kas_15671-544-1-30.pdf [10.10.2013].

Hurrelmann, Klaus/Ulich, Dieter (1991): Gegenstands- und Methodenfragen der Sozialisationsforschung. In: Dies. (Hg.): Neues Handbuch der Sozialisationsforschung. Weinheim/Basel: Beltz, S. 3-20.

Jäger, Herbert/Schmidtchen, Gerhard/Süllwold, Lieselotte (1981): Lebenslaufanalysen. Opladen: Westdeutscher Verlag.

Jaschke, Hans-Gerd (2001): Rechtsextremismus und Fremdenfeindlichkeit. Begriffe-Positionen-Praxisfelder. Wiesbaden: Westdeutscher Verlag.

Jaschke, Hans-Gerd/Rätsch, Birgit/Winterberg Yury (2001): Nach Hitler. Radikale Rechte rüsten auf. München: Bertelsmann.

Jesse, Eckhardt (2004): Formen des politischen Extremismus. In: BMI: Extremismus in Deutschland. Erscheinungsformen und aktuelle Bestandsaufnahme. Pößneck: GGP Media GmbH, S. 7-24.

Kemmesies, Uwe E. (2006): Zukunftsaussagen wagen: Zwischen Verstehen und Erklären – Methodologische und theoretische Notizen zur

Prognoseforschung im Phänomenbereich Extremismus/Terrorismus. In: Ders. (Hg.): Terrorismus und Extremismus – der Zukunft auf der Spur. München: Leuchterhand, S. 1-39.

Kemnitz, Heidemarie (2004): Lehrerbildung in der DDR. In: Blömeke, Sigrid u. a. (Hrsg.): Handbuch Lehrerbildung. Kempten: Klinkhardt/Westermann, S. 92-110.

Kollmorgen, Raj/Hans, Torsten: Der verlorene Osten. Massenmediale Diskurse über Ostdeutschland und die deutsche Einheit. In: Kollmorgen, Raj/Koch, Frank Thomas/Dienel, Hans-Ludger (Hrsg.): Diskurse der deutschen Einheit. Kritik und Alternativen. Wiesbaden: VS, S. 107-165.

König, Hans-Dieter (1998): Die rechte Subkultur und die Motive jugendlicher Gewalttäter. Sozialpsychologische Kritik der Studie von Willems u. a. zur fremdenfeindlichen Gewalt. In: Ders. (Hg.): Sozialpsychologie des Rechtsextremismus. Frankfurt am Main: Suhrkamp, S. 177-215.

Kraus, Benjamin/Mathes Corinna (2010): Soziale Auffälligkeiten in den Biografien „rechtsmotivierter" Straftäter. In: Lützinger, Saskia (Hg.): Die Sicht der Anderen. Eine qualitative Studie zu Biographien von Extremisten und Terroristen. Köln: Leuchterhand, S. 79-92.

Krüger, Christine (2008): Zusammenhänge und Wechselwirkungen zwischen allgemeiner Gewaltbereitschaft und rechtsextremen Einstellungen. Eine kriminologische Studie zum Phänomen jugendlicher rechter Gewaltstraftäter. Mönchengladbach: Forum Verlag Godesberg.

Kynast, Bettina (o. J.): Stadtumbau im Gebiet Jena-Lobeda. In: Ministerium für Bau und Verkehr: Stadtumbau in Thüringen am Beispiel der Stadt Jena. Arbeitsblätter für die Städtebauförderung Nr. 12, S. 46-53. URL: http://www.thueringen.de/de/publikationen/pic/pubdownload682.pdf [09.11.2013].

Lindner, Bernd (2003): Die Generation der Unberatenen. Zum Profil der letzten DDR-Jugendgeneration. Berliner Debatte Initial 14, Heft 2, S. 28-34.

Luckmann, Thomas (1992): Theorie des sozialen Handelns. Berlin/New York: Walter de Gruyter.

Luhmann, Niklas (2011): Organisation und Entscheidung. Wiesbaden: VS.

Lützinger, Saskia (2010): Die Sicht der Anderen. Eine qualitative Studie zu Biographien von Extremisten und Terroristen. Köln: Leuchterhand.

Malycha, Andreas (2011): Geschichte der DDR. Informationen zur politischen Bildung Nr. 312/2011. URL: http://www.bpb.de/shop/zeitschriften/informationen-zur-politischen-bildung/48498/geschichte-der-ddr [13.10.2013].

Mannheim, Karl (1970): Das soziologische Problem der Generationen. In Ders.: Wissenssoziologie. Neuwied/Berlin: Leuchterhand, S. 509-565.
Mead, George H. (1973): Geist, Identität und Gesellschaft. Aus der Sicht des Sozialbehaviorismus. Frankfurt am Main: Suhrkamp.
Meyer, Hansgünter (1990): Intelligenz, Wissenschaft und Forschung in der DDR. Berlin: de Gruyter.
Neureiter, Marcus (1996): Rechtsextremismus in Deutschland. Eine Untersuchung sozialwissenschaftlicher Deutungsmuster und Erklärungsansätze. Marburg: Tectum.
Nölting, Benjamin/Schröder, Cornelia/Marotz, Sören (2011): Von „blühenden Landschaften", dem „Jammertal Ost" und „Neuland". Der Einigungsprozess im Spiegel von Bildern und ihrer Diskurse. In: Kollmorgen, Raj/Koch, Frank Thomas/Dienel, Hans-Ludger (Hrsg.): Diskurse der deutschen Einheit. Kritik und Alternativen. Wiesbaden: VS, S. 193-165.
Oevermann, Ulrich (1975): Zur Integration der Freudschen Psychoanalyse in die Programmatik einer Theorie der Bildungsprozesse. o.O.: Ms. URL: http://www.gesellschaftswissenschaften.uni-frankfurt.de/institut_3/uoevermann/ downloads.html [03.10.2013].
– (1979): Sozialisationstheorie. Ansätze zu einer soziologischen Sozialisationstheorie und ihre Konsequenzen für die allgemeine soziologische Analyse. In: Lüschen, Günther (Hg.): Deutsche Soziologie seit 1945. Entwicklungsrichtungen und Praxisbezug (KZfSS, Sonderheft 21). Opladen: Westdeutscher Verlag, S. 143-168.
– (1981): Fallrekonstruktion und Strukturgeneralisierung als Beitrag der objektiven Hermeneutik zur soziologisch-strukturtheoretischen Analyse. Frankfurt am Main: Ms. URL: http://www.gesellschaftswissenschaften. uni-frankfurt.de/institut_3/uoevermann/downloads.html [03.10.2013].
– (1989): Genetischer Strukturalismus und das sozialwissenschaftliche Problem der Erklärung der Entstehung des Neuen. Frankfurt am Main: Ms.
– (1993): Die objektive Hermeneutik als unverzichtbare methodologische Grundlage für die Analyse von Subjektivität. Zugleich eine Kritik der Tiefenhermeneutik. In: Jung, Thomas/Müller-Doohm, Stefan (Hg.): „Wirklichkeit" im Deutungsprozeß. Verstehen und Methoden in den Kultur- und Sozialwissenschaften. Frankfurt am Main: Suhrkamp, S. 107-189.
– (1998): Zur soziologischen Erklärung und öffentlichen Interpretation von Phänomenen der Gewalt und des Rechtsextremismus bei Jugendlichen. Zugleich eine Analyse des kulturnationalen Syndroms. In König, Hans-Dieter Hg.): Sozialpsychologie des Rechtsextremismus. Frankfurt am Main: Suhrkamp, S. 83-125.

- (2000): Die Methode der Fallrekonstruktion in der Grundlagenforschung sowie der klinischen und pädagogischen Praxis. In: Kraimer, Klaus (Hg.): Die Fallrekonstruktion. Sinnverstehen in der sozialwissenschaftlichen Forschung. Frankfurt am Main: Suhrkamp, S. 58-156.
- (2001a): Strukturprobleme supervisorischer Praxis. Eine objektiv hermeneutische Sequenzanalyse zur Überprüfung der Professionalisierungstheorie. Frankfurt am Main: Humanities.
- (2001b): Die Soziologie der Generationenbeziehungen und der historischen Generationen aus strukturalistischer Sicht und ihre Bedeutung für die Schulpädagogik. In: Kramer, Rolf-Thorsten/Helsper, Werner/Busse, Susann (Hrsg.): Pädagogische Generationsbeziehungen. Jugendliche im Spannungsfeld von Schule und Familie. Opladen: Leske + Budrich, S. 78-128.
- (2001c): Das Verstehen des Fremden als Scheideweg hermeneutischer Methoden in den Erfahrungswissenschaften. ZBBS 1/2001, S. 67-92.
- (2001d): Die Struktur sozialer Deutungsmuster – Versuch einer Aktualisierung. Sozialer Sinn 1/2001, S. 35-81.
- (2004): Sozialisation als Prozess der Krisenbewältigung. In: Geulen, Dieter/ Veith, Hermann (Hg.): Sozialisationstheorie interdisziplinär. Aktuelle Perspektiven. Stuttgart: Lucius & Lucius, S. 155-181.
- (2008): „Krise" und „Routine" als analytisches Paradigma in den Sozialwissenschaften. Abschiedsvorlesung. Frankfurt am Main: Ms. URL: http://www.gesellschaftswissenschaften.uni-frankfurt.de/institut_3/uoevermann/downloads.html [03.10.2013].
- (2009): Biographie, Krisenbewältigung und Bewährung. In: Bartmann, Sylke u. a. (Hrsg.): „Natürlich stört das Leben ständig". Perspektiven auf Entwicklung und Erziehung. Wiesbaden: VS, S. 35-55.

Oevermann, Ulrich u. a. (1979): Die Methodologie einer „objektiven Hermeneutik" und ihre allgemeine forschungslogische Bedeutung in den Sozialwissenschaften. In: Soeffner, Hans-Georg (Hrsg.): Interpretative Verfahren in den Sozial- und Textwissenschaften. Stuttgart: J. B. Metzlersche Vertragsbuchhandlung, S. 353-434.

Parsons, Talcott (1968): Beiträge zur soziologischen Theorie. Neuwied/Berlin: Luchterhand.

Pfahl-Traughber (2012): Die neue Dimension des Rechtsterrorismus. Die Mordserie des „Nationalsozialistischen Untergrundes" aus dem Verborgenen. In: Ders. (Hrsg.): Jahrbuch für Extremismus- und Terrorismusforschung 2011/2012 (II). Brühl: Statistisches Bundesamt, S. 58-101.

Radenbach, Niklas/Rosenthal, Gabriele: Das Vergangene ist auch Gegenwart, das Gesellschaftliche ist auch individuell. Zur Notwendigkeit der Analyse biographischer und historischer ‚Rahmendaten'. Sozialer Sinn, H1/2012, 13. Jg., S. 3-27.

Reichertz, Jo (1988): Verstehende Soziologie ohne Subjekt? Die objektive Hermeneutik als Metaphysik der Strukturen. KZfSS, Jg. 40, S. 207-222.

Reiher, Ruth (2008): Zum Untergang der Linguistik mit dem sprachlichen Ost-West-Problem seit dem Mauerfall. In: Roth, Kersten Sven/Wiener, Markus (Hrsg.): Diskursmauern. Aktuelle Aspekte der sprachlichen Verhältnisse zwischen Ost und West. Bremen: Hempen, S. 1-19.

Reinhold, Gerd (2000): Soziologie-Lexikon. München: Oldenbourg.

Rennefanz, Sabine (2013): Eisenkinder. Die stille Wut der Wendegeneration. München: Luchterhand.

Roth, Kersten Sven (2008): Der Westen als ‚Normal Null'. Zur Diskurssemantik von ‚ostdeutsch' und ‚westdeutsch'. In: Roth, Kersten Sven/Wiener, Markus (Hrsg.): Diskursmauern. Aktuelle Aspekte der sprachlichen Verhältnisse zwischen Ost und West. Bremen: Hempen, S. 69-89.

Sandfuch, Uwe (2004): Geschichte der Lehrerbildung in Deutschland. In: Blömeke, Sigrid u. a. (Hrsg.): Handbuch Lehrerbildung. Kempten: Klinkhardt/Westermann, S. 14-37.

Schäfer, Gerhard/Wache, Volkhard/Meiborg, Gerhard (2012): Gutachten zum Verhalten der Thüringer Behörden und Staatsanwaltschaften bei der Verfolgung des „Zwickauer Trios". URL: http://www.thueringen.de/imperia/md/content/tim/ veranstaltungen/120515_schaefer_gutachten.pdf [01.06.2013].

Schattauer, Göran (2012): Report: Tot vor der Haustür. URL: http://www.focus.de/magazin/archiv/report-tot-vor-der-haustuer_aid_872794 [10.01.2014].

Schmidtchen, Gerhard (1981): Terroristische Karrieren. Soziologische Analyse anhand von Fahndungsunterlagen. In: Jäger, Herbert/Schmidtchen, Gerhard/Süllwold, Lieselotte (1981): Lebenslaufanalysen. Opladen: Westdeutscher Verlag, S. 14-77.

Searle, John R. (2004): Geist, Sprache und Gesellschaft. Philosophie in der wirklichen Welt. Frankfurt am Main: Suhrkamp.

SINUS-Institut (1981): 5 Millionen Deutsche: „Wir sollten wieder einen Führer haben...". Die SINUS-Studie über rechtsextremistische Einstellungen bei den Deutsche. Hamburg: Rowohlt.

Stöss, Richard (2007): Rechtsextremismus im Wandel. Berlin: FES.
Struck, Olaf u. a. (1998): Die Generation der Wendezeit. Erfolgreich, nüchtern und enttäuscht. Bremen: Ms. URL: http://www.sfb186.uni-bremen.de/ download/paper49.pdf [05.10.2013].
Süllwold, Lieselotte (1981): Stationen in der Entwicklung von Terroristen. Psychologische Aspekte biographischer Daten. In: Jäger, Herbert/ Schmidtchen, Gerhard/Süllwold, Lieselotte: Lebenslaufanalysen. Opladen: Westdeutscher Verlag, S. 80-116.
Sutter, Hansjörg (1997): Bildungsprozesse des Subjekts. Eine Rekonstruktion von Ulrich Oevermanns Theorie- und Forschungsprogramm. Opladen: Westdeutscher Verlag.
Thüringer Landtag (2013): Zwischenbericht des Thüringer Untersuchungsausschusses 5/1. Erfurt: Drucksache 5/5810. URL: http://www.thueringer-landtag.de/imperia/md/content/landtag/drucksachen/drs55810.pdf [02.10.2013].
Voges, Wolfgang (Hg.) (1987): Methoden der Biographie- und Lebenslaufforschung. Opladen: Leske + Budrich.
Wagner, Hans-Josef (2004a): Sozialität und Reziprozität. Strukturale Sozialisationstheorie I. Frankfurt am Main: Humanities Online.
Wagner, Hans-Josef (2004b): Krise und Sozialisation. Strukturale Sozialisationstheorie II. Frankfurt am Main: Humanities Online.
Wahl, Klaus (2001): Studie zur Struktur biografischer Hintergründe und Motivation fremdenfeindlicher und rechtsextremistischer Tatverdächtiger und Straftäter in Deutschland. In: BKA (Hg.): Rechtsextremismus, Antisemitismus und Fremdenfeindlichkeit. Bestandsaufnahme, Perspektiven, Problemlösungen. Neuwied/Kriftel: Leuchterhand, S. 121-132.
Wahl, Klaus (2002): Fremdenfeindliche und rechtsextreme Gewalttäter. In: Thüringer Landesamt für Verfassungsschutz: Politischer Extremismus als Bedrohung der Freiheit. Rechtsextremismus und Islamismus in Deutschland und Thüringen. URL: http://www.thueringen.de/de/publikationen/pic/pubdownload1104.pdf [02.10.2013].
Weber, Max (1904/1995): Schriften zur Soziologie. Stuttgart: Reclam.
Wernet, Andreas (2000): Einführung in die Interpretationstechnik der Objektiven Hermeneutik. Opladen: Leske + Budrich.
Wienke, Peter (1989): Die promovierte naturwissenschaftlich-technische Intelligenz in der DDR. Eine empirische Untersuchung ihrer Karrieremuster im Vergleich mit denen von promovierten Naturwissenschaftlern und Ingenieuren aus der Bundesrepublik Deutschland. Bochum: Brockmeyer.

Willems, Helmut u. a. (1993): Fremdenfeindliche Gewalt. Einstellungen, Täter, Konflikteskalation. Opladen: Leske + Budrich.

Willems, Helmut (1993): Gewalt und Fremdenfeindlichkeit. Anmerkungen zum gegenwärtigen Diskurs. In: Otto, Hans-Uwe/Merten, Roland (Hrsg.): Rechtsradikale Gewalt im vereinigten Deutschland. Jugend im gesellschaftlichen Umbruch. Bonn: Bundeszentrale für Politische Bildung, S. 88-108.

Willems, Helmut/Würtz, Stefanie/Eckert, Roland (1994): Analyse fremdenfeindlicher Straftäter. Bonn: BMI.

Wohlraab-Sahr (1995): Biographie und Religion. Zwischen Ritual und Selbstsuche. Frankfurt/New York: Campus.

Zander, Sabine (o. J.): Jena-Winzerla – Stadtumbau als Prävention am Beispiel des Quartiers „Wasserachse", in: Ministerium für Bau und Verkehr: Stadtumbau in Thüringen am Beispiel der Stadt Jena. Arbeitsblätter für die Städtebauförderung Nr. 12, S. 54-59. URL: http://www.thueringen.de/de/publikationen/pic/pubdownload682.pdf [09.11.2013].

Zick, Andreas (1997): Vorurteile und Rassismus. Eine sozialpsychologische Analyse. München: Waxmann.

Ziercke, Jörg (2012): Begrüßung und Einführung in das Thema: Bekämpfung des Rechtsextremismus – eine polizeiliche Perspektive. In: Bundeskriminalamt (Hg.): Bekämpfung des Rechtsextremismus – Eine gesamtgesellschaftliche Herausforderung. München: Luchterhand, S. 3-18.

Zizek, Boris (2012): Vollzug und Begründung, objektive und subjektive Daten – eine Parallele? Sozialer Sinn, H1/2012, 13. Jg., S. 39-56.

www.ingramcontent.com/pod-product-compliance
Lightning Source LLC
Chambersburg PA
CBHW050140240426
43673CB00043B/1748